상위 1%만 알고 있는

가상화폐와
투자의 진실

KB139362

일러두기

- '가상화폐'와 '암호화폐'의 용어 사용: 비트코인, 이더리움 등은 암호화 기술을 기반으로 한 것이어서 '암호화폐(CryptoCurrency)'로 부르는 것이 좀 더 적합하지만 이 책에서는 일상적으로 통용되고 있는 '가상화폐'로 설명하였습니다.
- 가상화폐 과세에 대한 내용: 본문에서 다루는 가상화폐에 대한 '과세' 부분은 일본 현지의 내용으로 한국과는 차이가 있습니다. 일본에서는 2017년 12월 1일 국세청 개인과세과에서 〈가상화폐에 관한 소득 계산 방법 등에 관하여(정보)〉를 발표했는데, 가상화폐를 다른 가상화폐로 환전하거나 가상화폐를 사용하여 물품을 구입할 때 과세를 할 수 있도록 하였습니다. 그러나 한국에서는 2018년 9월 현재 가상화폐와 관련한 법안이 확정되지 않아 과세가 이루어지지 않고 있습니다.
- 본문 중의 각주는 모두 옮긴이의 것입니다.

상위 1%만 알고 있는

가상화폐와
투자의 진실

마타노 나루토시, 쓰보이 겐 지음 | 오시연 옮김

가상화폐 투자하기 전에 반드시 알아야 할 것들

한스미디어

서문
1%만이 독식하고 있던, 나머지 99%를 위한 진실

"가상화폐가 그 신뢰성을 확보하는 날이 올 것이다."

나는 2015년 11월에 출간된 전작 《상위 1%만 아는 '돈의 진실'》에서 이렇게 말했다.

그로부터 겨우 2년 사이에 우리를 둘러싼 환경은 몰라보게 변했다. 전작에서 다룬 주제 중에서도 가상화폐는 아는 사람과 모르는 사람의 간극이 특히 큰 분야다. 당시에는 100명 중 한 명 정도만 그 실체를 제대로 알고 있었을 뿐, 나머지 99명은 '깜깜이' 상태였다.

나는 《상위 1%만 아는 '돈의 진실'》에서 앞으로 가상화폐가 이 세상을 지배할 거라고 썼는데 지면 관계상 가상화폐에 관해서는 극히 제한적으로 소개할 수밖에 없었다. 이번 책의 집필은 그러한 아쉬움을 달래기 위한 마음에서 시작되었다. 나는 이번 책에서 경제의 주요한 축으로 자리 잡은 가상화폐의 실체와, 이를 둘러싼 환경 변화에 관해 짚어볼 생각이다.

이 책을 집필한 목적은 단순하다. 우리의 미래를 바꿀 가상화폐와 어떻게 공존해야 하는지 함께 생각하는 기회의 장을 마련하는 것이다. 따라서 단기 거래로 대박을 내겠다는 생각으로 투기를 부채질하거나 가상화폐를 학문적으로 논하는 내용은 다른 책에게 양보하고자 한다.

이 책의 내용을 간단히 정리하면, 먼저 제1장 〈가상화폐가 우리에게 던진 충격〉에서는 하루가 다르게 변화하는 가상화폐의 최신 상황 중 몇 가지 주목해야 할 점을 다루었다. 표면적인 내용뿐 아니라 '가상화폐란 대체 무엇인가?'라는 본질을 파고든다.

제2장 〈가상화폐는 세상을 어떻게 바꾸는가?〉에서는 가상화폐가 앞으로 어떻게 이 시대를 바꿀 가능성이 있는지 고찰한다. 제3장 〈가상화폐를 내 편으로 만드는 방법〉에서는 가상화폐와 거리를 두는 법과 가상화폐를 대하는 올바른 자세를 구체적으로 제시한다. 그리고 제4장 〈가상화폐에 숨겨진 불안 요소〉에서는 가상화폐를 다룰 때 피할 수 없는 운용 리스크에 관한 정보를 공유한다.

제5장 〈가상화폐에 몰리는 수상쩍은 의도들〉에서는 자신의 경험도 참고하여 가상화폐라는 신흥시장에서 주의해야 할 신뢰 측면의 리스크를 다루었다.

이 책을 집필하면서 최고의 가상화폐 전문가를 공저자로 맞이할 수 있었다. 바로 암호 분야의 세계적 기술자인 쓰보이 겐 씨다. 그는 모든 기술의 집약이라고 할 수 있는 인공위성의 영상 정보를 압축 및 조정하는 기술에 종사하다가 최근에는 계약서를 디지털화하는 기술을 개발하는 등 그야말로 세계 최첨단 비즈니스를 다루고 있는 사람이다. 또한 2013년부터 리플 사와 제휴한 일본 최초의 리플게이트웨이를 설립했으며, 가상화폐 '리플'을 비롯한 다른 두 가지 가상화폐 거래소의 오너이기도 하다.

더불어 나의 금융 브레인이자 'IFP프로연研머니스쿨'을 2016년 4월부터 공동개최한 일반사단법인 일본IFP협회의 아라키 신지 대표이사, 동同 협회 나가레 다쓰야 이사, 그리고 IFP Tokyo 호리코시 겐타 대표에게도 아낌없는 협조를 받았다. 이분들에게 이 자리를 빌려 감사의 말씀을 드린다.

'가상화폐'라는 용어는 실은 정확한 번역 용어라 할 수 없다. 원래 암호화 기술을 화폐에 응용했다는 특징을 살려 번역하자면 '암호화폐'라고 하는 것이 적합하다. 그러나 이 책에서는 언론 매체를 통해 일반적으로 보급된 '가상화폐'라는 용어로 통일했다.

또 이 책의 주요 테마인 돈에 관해서는, 사실 전문가도 '돈'과 '화폐'라는 두 가지를 엄밀하게 구분하여 설명하기 어려워한다. 그러므로 이 책에서는 다음과 같이 규정했다.

돈 – 일반적인 돈의 개념
화폐 – 현재 유통되는 돈(유통 화폐의 약어)

다만 이야기의 흐름상 엄밀하게 구분하지 않은 대목도 있다. 화폐를 주제로 다루느니만큼 이 책에서는 기본적으로 '화폐'로 통일했다.

서문은 이 정도에서 끝을 맺고 '왠지 어렵고도 두렵지만 이제는 외면할 수 없는' 가상화폐의 세계를 함께 탐색해보자.

지은이 마타노 나루토시

목차

제3장 가상화폐를 내 편으로 만드는 방법 : 올바른 투자 마인드를 갖는다

제4장 **가상화폐에 숨겨진 불안 요소**

제5장 가상화폐에 몰리는 수상쩍은 의도들

제1장

가상화폐가
우리에게 던진
충격

The Truth of Cryptocurrency
and Investments

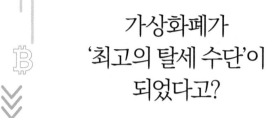

가상화폐가
'최고의 탈세 수단'이
되었다고?

"가상화폐라는 게 돈벌이가 되는 모양이야."

"내가 아는 사람이 비트코인을 샀는데 지금 몇 배로 가격이 뛰었대."

온갖 정보가 뒤섞여 있는 가상화폐. 대체 가상화폐는 무엇일까?

가상화폐는 '가상假想'이라는 말이 붙듯이 실제 화폐가 아니다.

현재 이용자가 가상화폐를 입수하는 일반적인 방법은 이미 가상화폐를 갖고 있는 사람에게 나눠받는 수밖에 없다.

실제 화폐와 다른 점은 '다른 사람에게 직접 양도받거나' '가상화폐 거래소를 통하여 입수해야' 한다는 것이다. 거래소와의 거래는 주로 인터넷을 통해 이루어진다.

세간에 가상화폐라는 말이 간간히 들려오다가 '메가뱅크가 가상화폐를 발행한다'는 이야기까지 나오자 "지금 시작하지 않으면 늦는 거 아니야?", "남보다 빨리 시작하면 한몫 챙길 수 있을지도 몰라"라고 생각하는 사람이 나타난 것도 전혀 이상하지 않다.

그러나 아무것도 모르는 상태에서 섣불리 손을 댔다가는 화상을 입기 십상이다. 가상화폐 거래는 이제 막 시작된 새로운 개념이므로 아직 제대로 환경이 갖추어져 있지 않고 이용자 보호 제도도 이제 막 시작되었기 때문이다(바로 그 때문에 먼저 시작한 사람이 이익을 얻을 수 있었지만).

사실 가상화폐에 대해 초보 투자자가 '돈을 번다'는 말을 쓰는 것이 과연 적합하냐는 의문도 있다.

가상화폐의 인지도가 높아짐에 따라 최근에는 오프라인 점포에서도 가상화폐 결제수단을 도입하는 움직임이 늘어났다.

예를 들어 "대규모 가전제품 판매점에서 비트코인을 사용할 수 있게 되었다", "여행 대리점에서도 비트코인으로 결제할 수 있게 되었다", "고급 수입차도 최고 1억 엔까지 비트코인 결제가 가능하다" 등이다.

어떤 사람은 "가상화폐도 화폐니까 당연하지 않나"라고 생각할 수도 있다.

그러나 가상화폐는 2017년 4월, 개정 자금결제법이 시행되고 나서야 지급 결제수단으로 인정받았다.*

실은 가상화폐는 법정화폐가 아니다. 현재 일본 금융청 홈페이지에 들어가 보면 '대금 지급 등에 이용할 수 있는 재산적 가치'라고만 정의되어 있다.

같은 해 7월부터 가상화폐를 구매할 때 부과하던 소비세가 폐지되었다. 이것은 가상화폐를 구매할 때 이미 소비세를 징수했는데 가상화폐를 처분할 때 또 한 번 소득세를 부과하는 것은 이중과세가 되기 때문이다. 다시 말해 비트코인을 거래하여 얻은 이익은 소

• 일본의 경우이며, 한국은 2018년 9월 현재 관련 법률 통과가 이루어지지 않아 가상화폐를 법정통화로 인정하지 않고 있으며 과세 역시 이루어지지 않고 있다.

득세 과세 대상이 된다는 뜻이다.

사실 일본에서 이번에 법을 개정한 것에는 크게 두 가지 목적이 있다고 생각된다. 그것은 '가상화폐를 정부 관리하에 두는 것'과 '세금 징수'다.

한 예를 들자면 이번 법 개정에 따라 일본 금융청·재무국에 등록된 사업자(등록업자)만이 일본 국내에서 가상화폐 교환 서비스를 할 수 있다는 규정이 생겼다.

이는 지금까지는 누가 가상화폐 거래소를 세워도 아무도 뭐라 하지 않았던 무법지대였다는 말이다.

정부 입장에서 보면 인터넷상의 모든 가상화폐 거래소를 통제하기란 사실상 불가능하다. 정부가 할 수 있는 일은 거래소를 관리하에 두는 것이리라. 그것이 이번 법 개정에 담긴 내용이다.

예전에는 이용자가 비교적 간단한 등록을 마치면 가상화폐를 거래할 수 있었다. 그러나 지금은 신분증명서를 제출하는 등 개인 인증 과정이 필요하다.

그런 규제가 정부가 말하는 '이용자를 보호하기 위해서'인 것은 어떤 의미에서는 맞는 말이다. 하지만 진짜 목적은 '세금을 거두기 위해'서이다.

정부는 지금 '이용자가 가상화폐로 이익을 얻으면 그만큼 세금이 증가할 것'이라고 생각하고 있을지도 모른다. 그러나 앞서 이야기했듯이 아직 '강고한 관리 체제가 완성되었다'고 말할 수는 없는 상황이다. 예를 들어 이런 일이 있다.

일본의 대형 가상화폐 거래소인 비트플라이어는 현재 대형 가전제품매장인 빅카메라나 여행 대리점인 HIS 등과 계약하여 비트코인 결제를 접수하기 시작했다.

이런 흐름은 앞으로 가속화될 것이지만 그렇게 되면 국가가 곤란해진다. '물건을 구입하는 것이 가상화폐의 이익을 확정하는 절호의 장소가 될지도 모르기' 때문이다.

2017년 12월 1일에 일본 국세청 개인과세과로부터 〈가상화폐에 관한 소득 계산 방법 등에 관하여(정보)〉가 발표되었다.

상세한 내용은 뒤에 설명하겠지만 가상화폐는 그 원리상 모든 거래 이력을 거슬러 올라갈 수 있다. 즉 거래 상세 내용을 전부 파악할 수 있다.

법정화폐가 편리하게 쓰이는 일본에서 굳이 수수료를 내가며 비트코인을 경유하여 결제할 이유가 없다. 그런데도 결제 수요가 증가하는 것은 인바운드(해외 고객) 이용뿐 아니라 비트코인의 가격 상승과 더불어 이익을 확정하기 위해 소매점에서 결제하는 사례가 늘어나고 있기 때문이다.

이때 구입한 가상화폐가 이익을 냈다는 것만으로는 세금이 발생하지 않지만 가상화폐를 다른 화폐(가상화폐에서 가상화폐로 바꾸는 경우도 포함)로 환전했을 경우의 차액에는 세금이 부과되므로 주의해야 한다. 쇼핑을 할 경우에는 소매점의 지정거래소에서 결제한 순간, 비트코인을 일본 엔으로 환전한 형태가 되기 때문이다.

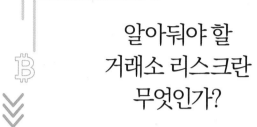

알아둬야 할
거래소 리스크란
무엇인가?

일본의 국세청이 가상화폐에 과세하는 시점은 사용자가 이익을 확정했을 때다. 그러므로 사용자가 가상화폐를 구매한 뒤 모니터를 보며 "오늘은 올랐네", "오늘은 떨어졌네"라고 말하는 동안에는 국세청이 과세를 할 수가 없다.

사용자가 가상화폐 거래소에서 거래를 해야만 그 기록이 남고 나중에 과세 대상이 될 가능성이 있다.

그런데 앞에서 이야기한 바와 같이 가상화폐를 금전으로 환매하지 않고 갖고 있다가 물건을 구매할 때 써버리면 국세청으로서는 '돈의 흐름을 추적할 수는 있지만 그게 그리 쉽지 않은' 상태가 된다.

'거래소에 규제망을 씌워서 관리하겠다'는 것이 금융청의 속셈이지만 그 상황에서 벗어나면 어쩔 수 없이 사각지대가 생기는 것이다.

이 문제는 빠르건 늦건 결국 표면화되어 국가가 손을 쓸 것이다.

독자 여러분은 이 책을 읽고 "아하. 그런 탈세방법도 있구나"라고 생각하지 않기를 바란다. 가상화폐는 '모든 거래를 추적할 수 있는 화폐'이기 때문이다.

다시 말해 가상화폐는 익명성과 투명성을 동시에 실현한 화폐다.

가상화폐의 문제는 과세를 위한 돈의 흐름을 파악하기 어렵다는 점만이 아니다. 사용자도 변혁기 특유의 갖가지 혼란에 빠질 수밖에 없다.

원래 거래소에서 가상화폐는 이른바 상품의 일종이므로 고객에게 가상화폐를 받고 그것을 다시 다른 고객에게 판매할 수 있다.

그러나 일반 소매점은 그렇게 할 수 없다. 그들은 고객에게 받은 가상화폐를 현금화할 필요성에 쫓긴다. 매입대금이나 종업원 급여 등을 지급하려면 현금(일본 엔화)이 필요하기 때문이다.

만약 앞으로 가상화폐가 보편화되어 누구나 직접 가상화폐를 거래할 수 있게 된다면 아무 문제가 없으리라. 그러나 그렇게 되기 전까지는 가상화폐를 일단 법정 통화로 바꿔야 한다.

가상화폐와는 관계가 없는 일반 장사를 하는 사람에게 '받아주는 곳이 한정적인 화폐'는 아주 골칫거리다.

그렇다면 상거래가 늘어남에 따라 거래소에서 일시적으로 '장사하는 사람에게 가상화폐를 구입하기만 하는' 사태도 일어날 수 있다. 즉 엔화를 인출하기만 하고(출금) 입금을 별로 하지 않는 상황이 된다는 말이다.

가상화폐로 결제할 수 있는 곳이 증가하면 당연히 전체 거래량도 지금보다 증가할 것이다. 그러나 어떤 일을 계기로 자금 인출이 일시적으로 계속 늘어날 경우 현금이 바닥나 파산하는 거래소가 나타날 가능성도 있다.

은행과 같은 금융기관과 달리 만일 거래소에서 대규모 예금 인출 사태(뱅크런)가 발생해도 가상화폐에는 현재 페이오프(예금자 보호 제도) 제도가 마련되어 있지 않다.

가령 전자화폐의 경우는 어떻게 되어 있을까? 발행자는 미리 법무국에 발행보증금(미사용 잔고의 2분의 1 이상에 상당하는 금액)을 공탁해야 할 의무가 있으며 발행자가 파산할 경우에는 이 발행보증금에서 돈을 반환하는 절차가 시행된다.

전자화폐와 가상화폐는 본래 그 성질이 다르다. 전자화폐는 기본적으로 일본 엔화를 지급하기 쉽게 만든 것뿐이다. 그러나 가상화폐는 글자 그대로 '새로운 화폐'다.

아무튼 국가가 가상화폐에 관하여 '일단 국가가 정한 기준을 충족한 거래자에게만 허가한다'는 생각을 바탕으로 이번 개정 자금결제법에서 거래소를 등록제로 변경했음은 앞에서도 이야기했다.

그에 따라 과거에는 우후죽순으로 난립했던 거래업자에게도 규제가 생겨 현재 '자본금이 1000만 엔 이상일 것', '운영자와 자금관리자를 분리할 것'이라는 몇 가지 조건이 부여되었다.

물론 거래소를 허가제로 변경했다고 해서 '이제 괜찮다'고는 농담으로도 말할 수 없다. 그래도 지금까지 아무 규제 없는 정글과 같았던 상태를 생각하면 커다란 진전이라고 할 수 있다.

상위 1%만 알고 있는
가상화폐와 투자의 진실

가상화폐 거래를 하고 싶은 사람은 '가상화폐 거래소에는 이런 리스크가 있다는 것'을 알아두자.

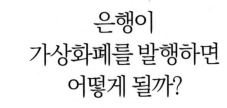

은행이
가상화폐를 발행하면
어떻게 될까?

오해하지 말기 바란다. 이 책은 '가상화폐는 이렇게나 위험하니 시작도 하지 않는 게 상책'이라고 주장하기 위해 쓰인 것이 아니다.

물론 '가상화폐로 이렇게 많은 돈을 벌 수 있다'고 말할 생각도 없다.

먼저 '사실을 파악하고' 난 뒤에 '나는 어떻게 이 '새로운 가능성'과 마주할 것인지'를 생각하는 게 중요하지 않을까? '불안정'하다는 말은 바꿔 말하면 '기회'라는 뜻이기 때문이다.

앞에서 잠깐 다루었지만 '안정의 상징'인 은행도 지금은 '가상화폐를 적극적으로 이용'하려는 동향을 보이고 있다. '우리도 가상화폐를 발행하자'라고 할 정도로 말이다.

2016년, 미쓰비시도쿄UFJ은행(2018년 4월부터 미쓰비시UFJ은행으로 은행명 변경 예정)은 '독자적인 가상화폐를 개발 중'이라고 공표했다. MUFG코인이라고 명명된 이 코인은 현재 자사 행원을 대상으로 시험 운용하고 있다고 보도되었다.

또한 2017년 9월에는 미즈호파이낸셜 그룹이 J코인 구상 계획을 발표했다. '모든 은행이 대동단결해야 한다'는 요청에 응하여 유초은행과 지방 은행 등 약 70개의 은행이 참여한다고 밝혔으며 미쓰비시도쿄UFJ도 이에 동참하리라고 예상된다.

2017년 개정 자금결제법에 따라 기존에는 물건 취급받았던 가상화폐가 결제수단으로 정의 및 인정되었다.

그에 따르면 가상화폐는 '물품 구입과 서비스 제공 등을 받을 때 대가 결제수단으로 사용할 수 있으며 전자정보 처리에 의해 이전 가능한 재산적 가치, 불특정인을 상대로 구입 및 매각할 수 있는 것'(자금결제법 제2조 5항 1호), 또는 '1호 정의의 가상화폐와 교환할 수 있고 전자정보 처리에 따라 이전 가능한 재산적 가치'(자금결제법 제 2조 5항 2호)라고 규정된다.

이러한 은행계 가상화폐는 설령 비트코인 등의 가상화폐와 기술적으로 동일한 시스템을 이용했다 해도 본질이 전혀 다르다.

원래 화폐에서 가장 중요한 것은 '가치 담보'다. 지금까지의 돈의 역사는 '어떻게 화폐 가치를 담보할 것인가?'에 대한 시행착오의 연속이었다.

예를 들어 금화와 은화, 금본위제 등은 '사물이 가치를 담보'한다. 현재의 법정 통화는 '국가가 가치를 담보하는' 형태를 띠고 있다.

반면 원조 가상화폐인 비트코인의 혁신적인 점은 화폐 가치를 국가 등의 권위에 의존하지 않고 '시스템으로 해결한' 것이다. 그 핵심 시스템을 블록체인이라고 한다(뒷장 참조).

비트코인은 거래의 투명성을 보장하기 위해 인터넷상에 모든 거래 기록이 공개된다.

한편 미쓰비시도쿄UFJ의 발표에 따르면 MUFG코인에도 블록체인이 이용되지만 보안상 문제로 아마 거래 기록은 공개되지 않을 것이라 예상된다.

미쓰비시도쿄UFJ의 코인이 블록체인을 사용하는 목적은 주로 비용 감축인 듯하다.

그렇게 되면 코인의 가치를 담보하는 것은 아마 '회사에 대한 신용도'일 것이다. 그러나 회사가 가치를 담보할 경우 그 코인은 필연적으로 파산 리스크를 갖게 된다.

이렇게 말하면 당신은 "설마 메가뱅크가 망할 리가 있겠어?"라고 생각할지도 모른다.

그러나 지금은 법정화폐인 일본 엔화마저 가치가 흔들리는 세상이다.

실은 시중 은행이 가상화폐를 발행하는 것이 좋은 일인지 나쁜 일인지 지금으로서는 명확하게 판단하기 어렵다. 본래는 국가가 해야 할 일을 일개 기업이 손을 댔으니 말이다.

일본은행으로서는 '우리가 책임지지 않아도 된다'는 리스크 회피가 되었을 수도 있다.

'은행이 가상화폐를 만든다'라고 하면 얼핏 파격적인 이야기처럼 들린다.

그러나 사용자 측에서 보면 가상화폐는 '스이카Suica(일본의 교통카드. 물건을 구매할 때 결제할 수도 있다. – 옮긴이)와 거의 비슷한' 것일 뿐이다. 실제로 써보면 제삼자에게 수평 이동이 가능하고 인터넷상에서 이용할 수 있는 점 외에는 그다지 참신하게 느껴지지 않을 것이다.

더구나 MUFG코인의 환율은 1대 1이므로 1엔도 증가하지 않는다. '사용법도 새롭지 않고' '투자 대상도 되지 않는데' 그냥 스이카로 결제하면 되지 않나? 라고 생각하는 사람이 나타날 것이다.

얼마 안 있어 사용자의 관심을 끌기 위해 가상화폐 광고가 방송에 나올지도 모르겠다.

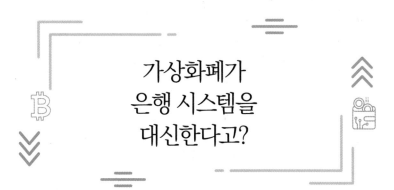

가상화폐가
은행 시스템을
대신한다고?

여러 가지 논란에도 불구하고 전 세계는 가상화폐에 주목하고 있다. 그중에는 중국이나 러시아처럼 '국가의 법정 통화를 가상화폐로 하자'는 흐름도 있고, 이미 현금이 가상화폐와 신용카드로 거의 전환된 국가도 있다(뒷장에서 자세히 이야기하겠다).

그러나 일본을 비롯한 주요 선진국에서는 금융업계의 오랜 관습과 기득권층에 의한 영역 보존 욕구, 복잡한 세무 제도 때문에 국가 차원에서 통일된 가상화폐를 발행하는 것이 현시점에서는 어려울 수도 있다.

이런 상황에서 미즈호은행을 발기인으로 한 J코인 구상은 '엔화를 디지털화하는 한 형태'라고 간주하기도 한다.

실제로 일본의 각 금융기관의 구상이 얼마나 일치하는지는 차치하더라도, 가상화폐 시스템을 도입한다면 금융기관들은 최소한 시스템상으로는 보조를 맞춰야 한다.

금융은 특히 신용을 담보로 하는 업계이니만큼 만의 하나 별개의 시스템을 도입하면 '과연 어느 시스템을 믿으면 되는가?'라는 문제가 생기기 때문이다.

반대로 은행끼리 같은 시스템이 작동되게끔 만들면 상계 작업 등을 수월하게 할 수 있다. 그런 운용상의 이점을 생각하면 시스템 통일이 불가결한 셈이다.

J코인 구상의 기점이 될 유력한 가상화폐 중 하나는 리플Ripple이다.

가상화폐 중에서는 현재 비트코인이 시가총액에서 독보적인 1위를 차지하고 있다.

그런데 왜 은행들은 업계 1위인 비트코인이 아닌 리플을 선택했을까? 그 이유는 리플 시스템이 은행에서 쓰이는 상황을 참조하여 만들었기 때문이다.

비트코인은 화폐 분야에서 지금까지와는 전혀 다른 개념을 가져온 '화폐 혁명을 일으켰다'는 의미에서는 타의 추종을 불허하는 존재다. 그러므로 어떤 의미에서 반역자적인 측면을 가진 비트코인은 애초부터 보수적인 금융업계와 융화되기 어려운 성질을 갖고 있다.

비트코인은 이 세상에서 처음으로 인정된 혁신적인 가상화폐인 반면 거래량(트랜잭션)이 증가함에 따라 처리 속도라는 문제가 발생하고 있다. 그 반면 리플Ripple은 실제 운용 중인 금융 시스템을 기반으로 시스템이 구축되었으므로 가상화폐 중에서 상당히 안정적이라 할 수 있다(물론 지금도 시스템 개선이 진행되고 있다).

이런 상황이니 은행으로서는 리플이 최선의 선택지가 아니었을까?

그것을 증명이라도 하듯이 2017년 8월, 스위프트SWIFT(국제은행간 통신협정)가 리플을 채택한다는 내용이 발표되었다.

스위프트는 세계 각국을 이어주는 금융통신 서비스를 제공하는 단체다. 현재 국제 송금을 할 때는 스위프트 코드를 이용하여 보내는 것이 일반적인데, 앞으로는 리플로 대체될 전망이다.

리플이 다른 가상화폐와 결정적으로 다른 점은 비트코인을 비롯한 대부분의 화폐가 자산(가상화폐)을 직접 거래하는 데 비해 리플은 채무IOU(전자차용서)에 상당하는 실물을 거래하는 구조이다.

아마도 리플의 시스템이 은행 간에 이루어지는 송금 시스템(외환거래)을 모델로 했기 때문이리라.

리플에도 연결 통화bridge currency 역할을 하는 가상화폐 XRP가 있지만 그것이 메인은 아니다. 사실, 리플은 송금 시스템 그 자체를 가리킨다.

비트코인은 미리 총 매수가 2100만 장으로 정해져 있으며 순차적으로 발행된다. 계산상으로는 2040년경에 발행이 종료된다고 한다. 리플은 그와 반대로 1000억 장이 처음부터 발행되었고 사용한 만큼 그 수가 줄어드는 구조다.

1000억 장이라고 해도 전 세계에서 보편적인 결제수단으로서 직접 사용되는 것은 아니다. 실제로는 신용도가 있는 기업끼리 숫자만 움직여 한꺼번에 조정된다. 자세한 내용은 다음 장에서 다루겠다.

가상화폐 등장에 따라
'꿈의 화폐가 실현'될까?

원래 비트코인은 금을 모델로 고안되었다고 한다. 비트코인의 근간을 지지하는, 즉 거래의 정당성을 증명하는 작업은 금을 캐는 이미지에서 가져온 탓에 '채굴(마이닝)'이라고 부른다.

비트코인 발행 매수가 처음부터 정해져 있는 것도 '유한한 금은 가치가 하락하지 않는다'는 점에서 착상하지 않았을까 짐작된다.

일찍이 일본을 비롯한 몇몇 국가는 금으로 그 가치가 보장된 지폐를 발행했던 시기가 있었다. 그것을 금본위제라고 한다. 이 때문에 그 지폐는 큰 신뢰를 받았다.

그러나 국가들이 그 체제를 계속 유지할 수 없었다. 결국 금이라는 자원의 양적 한계가 화폐 발행의 한계가 되어 경제 성장을 저해하는 요인이 될 수도 있었기 때문이다.

화폐의 공급 부족은 필연적으로 디플레이션을 일으킨다. 디플레이션은 물가가 떨어져 돈 가치가 오르는 현상이다.

디플레이션이 발생하면 돈이 시중에 풀리지 않아 경제가 위축되는 악순환에 빠질 수 있다.

몇 년 전부터 선진국에서는 중앙은행이 찍어낸 본원 통화Monetary Base가 뚜렷한 근거 없이 GDP를 상회하는 속도로 증가했다. 그 결과 '가짜 돈은 믿을 수가 없다'고 생각하는 사람들이 늘어났다. 이런 상황도 가상화폐가 확산된 배경으로 작용하지 않았을까?

은행에서 리플을 채택하는 것이 거의 확정된 지금, 화폐의 공급 부족은 세상에 강한 인상을 남긴다. 최근 이에 대한 대책이 협의되었다.

리플은 '리플 코인XRP을 개입시키는 경우와 개입시키지 않고 은행들이 직접 거래하는 경우, 이 두 가지 방법을 조합한다'는 해결책을 제시했다.

평소 우리가 은행에 송금을 할 때는 상대에게 직접 현금이 건너가지는 않는다. 은행 간의 조작만으로 송금이 완료된다.

'은행에 송금을 한다(돈을 보낸다)'고 하지만 실제로는 '보내는 사람(채무자)'과 '받는 사람(채권자)'의 대차가 '보내는 사람'과 '보내는 곳'에 해당하는 두 은행의 대차로 대체되는 것뿐이다.

즉 '송금'을 할 때 은행이 하는 일은 '서로의 통장 숫자를 수정하는 것'이다.

앞으로는 이 행위를 리플 시스템상에서 하겠다는 말이다.

그러나 리플의 연결 통화인 XRP는 아직 은행 간에 송금을 할 정도로 시중에 유통되지 않았다. 예를 들어 'A은행의 돈 100억 엔을 B은행에 보내고 싶어도' 현시점에서는 그렇게 많은 돈을 빈번하게 거래할 수 있는 XRP가 시장에 유통되어 있지 않은 것이다.

통상적으로 리플을 이용하여 송금하려면 일단 일본 엔을 JPY라는 IOU(전자 데이터 차용증)로 변환한다.

다른 게이트웨이(리플이라는 거래소)에 송금할 경우에는 이 IOU를 XRP로 증빙하는 작업을 한다. 지금까지의 리플은 기본적으로 모든

IOU의 정당성을 XRP를 통해 보장했다.

그러나 앞으로는 은행들이 리플 시스템을 도입함에 따라 이 XRP의 한계를 제거하기 위해 '송금하는 상대의 신용도에 따라 XRP를 끼워 넣지 않아도 되게 하기'로 했다.

이는 'B은행이 A은행을 신뢰할' 경우 100억 엔을 XRP로 변환하지 않아도 B은행은 'A은행에서 송금된 100억 엔을 100억 엔이라고 인정한다'라고 승인하여 받아들인다는 말이다.

그것은 XRP 대신 '각 은행이 발행하는 JPY를 각각 얼마나 갖고 있는가?'라는 대차 이론값을 근거로 판단될 것이다.

물론 은행 중에는 신용등급이 낮은 은행도 있다. 그런 상대에게는 기존처럼 XRP로 변환하여 거래하도록 하면 된다.

은행 간 거래가 리플로 이루어진다고 해서 'XRP의 통화 가치가 오르는가' 하면 그것은 별개의 문제다. 앞서 말한 대로 신뢰할 수 있는 은행끼리는 XRP 없이 송금할 수 있기 때문이다.

그렇지만 시스템적으로는 리플 보급 실현을 향한 큰 걸림돌이 하나 없어진 것이므로 괄목할 만한 일이라 할 수 있다.

상위 1%만 알고 있는
가상화폐와 투자의 진실

다른 은행 간의 송금 거래

A에서 B로 100만 엔을 송금한다

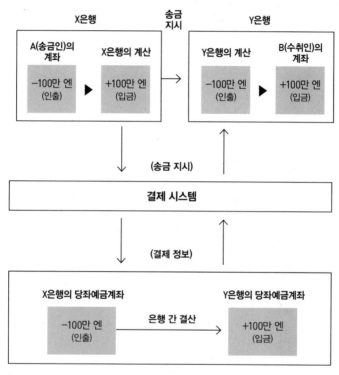

X은행과 Y은행의 고객들이 송금 거래를 할 때 발생하는 은행 간의 채권 및 채무 관계는 일본은행의 당좌예금 대체에 의해 결제된다.

＊ 출처: 전국은행예금 결제 네크워크

이번 결정은 '리플이 은행 시스템상에서 정식으로 기능하면 상대의 신용도는 거의 문제가 되지 않는다'는 것을 의미한다.

지금까지의 통화 역사는 '어떻게 신용을 보장할 것인가?'에 관한 역사였다고 앞에서도 밝혔다. 이번 일로 인해 인류는 역사상 처음으로 '꿈의 화폐'를 실현하기 위한 첫걸음을 내딛게 될지도 모르겠다.

제2장

가상화폐는 세상을
어떻게 바꾸는가

: 새로운 가능성을 발견하다

The Truth of Cryptocurrency
and Investments

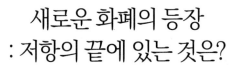

새로운 화폐의 등장
: 저항의 끝에 있는 것은?

"일단 일어난 혁명은 되돌릴 수 없다"

나는 전작 《상위 1%만 아는 '돈의 진실'》에서 이렇게 말한 바 있다.

이게 무슨 말일까?

다름 아닌 가상화폐에 대한 이야기다.

예를 들어 인터넷이 보급된 후 일단 그 편리함을 향유하자 세상은 그 흐름을 멈추려 하지 않았다.

그리고 이번에는 가상화폐가 새롭게 '편리한 것'으로 보급되고 있다.

'스마트폰 하나로 현금(자산)의 입출금과 매매(투자), 송금을 할 수 있다.'

대략적으로 말하자면 이것이 가상화폐의 최대 '편의성'이다.

현금을 준비할 필요도 없고 은행 계좌를 경유할 필요도 없으며 환율을 생각하지 않아도 되고 세상을 상대로 스마트폰으로 돈을 거래할 수 있다는 말이다.

가상화폐 보급…… 이것은 화폐 '혁명'이라고 해도 과언이 아니다.

기존에는 화폐를 발행하고 관리하는 주체가 '국가'였다. 현재의 화폐는 금이 그 가치를 증명하지 않고 국가의 권위가 가치를 담보한다고 앞에서 이야기했다. 그러나 가상화폐는 국가에 의존하지 않고 유통된다. 가상화폐가 분산형 혁명이라고 불리는 이유는 P2P 방식 Peer to Peer으로 사용자 간의 컴퓨터를 직접적 매개체로 이용하여 데이터를 분산 관리하기 때문이다.

기존의 인터넷 서버를 이용한 관리방식인 경우, 만에 하나 서버가 해킹 공격을 받아서 시스템이 다운되는 일이 발생하면 사용자가 큰 피해를 입는다. 그러므로 기업은 중요한 데이터를 지키기 위해 막대한 관리비용을 지불하고 있다.

반면 P2P 방식으로 관리하면 데이터가 분산되므로 한 시스템이 다운되어도 다른 컴퓨터로 보완할 수 있다. 다만 P2P 방식 자체는 새로운 개념이 아니다.

P2P라고 하면 예전에는 불법 다운로드로 문제가 된 위니 사태(위니는 일본에서 쓰이는 P2P 프로그램이다. 2006년 2월 하순 해상 자위대 자위함의 암구어와 전투 훈련 내용 등 비밀 정보가 안티니 웜에 감염된 위니를 매개로 인터넷에 유출되었다. - 옮긴이)가 유명하며, 정보 보안상으로도 문제가 있었다.

원조 가상화폐인 비트코인의 새로운 점은 이 P2P에 블록체인이라는 혁신 기술을 조합함으로써 그 문제를 해결했다는 것이다.

이 조합으로 가상화폐는 전자화폐이지만 국가 등의 권위가 뒷받침될 필요가 없어졌다. 그리하여 예전에는 불가능하다고 인식되었던 디지털화폐를 실현하는 데 성공했다.

가상화폐의 등장은 국가와 기업 같은 '중앙' 권력층의 의도(금융정책 등)가 개입되지 않는, 지극히 '민주적'인 혁명이라 할 수 있다.

그렇지만 혁명에는 '저항'이 따르는 법이다.

인터넷을 비롯한 다양한 IT 기술이 그렇듯이 편리한 것이 새롭게 등장해도 그것이 즉각적으로 받아들여지지는 않는다.

"뭐가 뭔지 잘 모르니까 불안해."

"현재 방식으로 충분하니까 바로 시작할 필요는 없어."

많은 사람들이 새로운 기술이 등장하면 이렇게 반응한다.

또 가상화폐에 관해서는 그 '가상'이라는 용어에서 "뭔가 좀 수상한데…"라고 느끼는 사람도 많을 것이다.

그러나 이런 상황에서도 "비트코인이 1년 만에 10배가 되었다", "억만장자가 탄생했다"는 달콤한 이야기만 듣고 일확천금을 꿈꾸는 사람이 끊이지 않는다. 이렇게 가상화폐를 '투기 목적'으로만 해석하는 사람들은 "반드시 많은 돈을 벌 수 있어요!"라는 사기꾼 같은 업자의 말을 믿고 가상화폐 구입을 위해 막대한 돈을 지불했다가 그 돈이 수중에 돌아오지 않는 피해를 입기도 한다.

일본의 독립 행정법인인 '국민생활센터(소비자 기본법에 근거하여 국가의 전국의 소비생활센터 등이 연계해 소비자 피해 방지에 힘쓰는 기관. ─ 옮긴이)'의 발표에 따르면 가상화폐에 관한 상담이 2014년부터 3년간 약 5배 이상이나 증가했다고 한다.

상위 1%만 알고 있는
가상화폐와 투자의 진실

"가상화폐는 사기야."

"가상화폐는 위험해."

이것이 상당수 사람들이 품는 생각이리라.

그러나 그런 한편으로 가상화폐는 꾸준히 보급되고 있다.

2016년에 대형 신용카드업체인 JCB가 20~60대 남녀 1000명을 대상으로 조사를 했다. 그에 따르면 "가상화폐를 잘 모른다"고 답한 사람이 29.2%, "사용해보고 싶다, 무척 사용해보고 싶다"로 대답한 사람이 12.2%였다. 또 20~30대의 젊은 세대만 보아도 사용하고 싶다고 답한 사람은 약 20%였다고 한다.

지금 사람들 대부분은 '가상화폐의 진실'을 알지 못한다. '잘 모르는 것에 공포를 느끼는 것'은 어쩔 수 없는 일이다.

그러나 전작에서도 말했듯이 개인적으로는 "이 세상에 변혁을 초래하는 상품이 10% 넘게 보급되면 그 상품은 단숨에 확산된다"고 생각한다.

예를 들어 휴대전화가 폭발적으로 보급되기 시작한 것도 사용자가 10%를 넘어섰을 때였다.

'열 명 중 한 명'이 이용하기 시작하면 혁신 기술은 눈 깜짝할 새에 확산된다.

만약 현재 이미 "가상화폐를 사용하고 싶다"고 생각하는 12.2%의 사람 전원이 가상화폐를 보유하고 사용하기 시작하면 어떻게 될까?

가상화폐는 지금 보급률 10% 달성을 기다리고 있는 상황이다.

그러므로 지금 그 '진실'을 알아두는 것은 결코 무의미한 일이 아니다.

국가가 가상화폐를
무시할 수 없는 이유
: 어느 쪽이 '가상'인가

좀 뜬금없는 질문이지만 대체 '통화'란 무엇일까?

사실, 화폐라고 하기도 하고 통화라고 하기도 하는데 일상생활에서 쓰일 때는 별 구별 없이 쓰인다.

참고로 2016년, 개정 자금결제법의 법규 제안이 일본 내각에서 결정되었을 때 신문에 "비트코인을 화폐로 인정"이라는 기사 제목이 나왔지만 막상 법조문을 보면 '가상통화는 화폐다'라는 말은 한 줄도 쓰여 있지 않다. '결제수단으로써 사용한다'라는 말뿐이다.

현시점에서는 가상화폐를 화폐라고 불러도 될지 애매한 상황이다.

법적 근거 유무는 차치하고 "사실상 가상화폐에는 화폐로서의 기능이 있는가?"라는 질문을 던진다면 "그 기능을 보유하는 중이다"라고 할 수는 있으리라.

일반적으로 화폐에는 3가지 기능이 있다. 결제 기능, 가치 척도, 가치 보존 기능이다.

결제 기능은 대금 지급에 사용할 수 있다는 말이다. 가치 척도는 사물의 가치를 가격으로 표시할 수 있는 것이다. 가격으로 표시할 수 있어야 "이건 비싸군", "이게 더 싼데"라고 비교할 수 있다. 이것이 '척도'의 유래다. 가치 보존 기능은 썩거나 망가지지 않는다는 뜻이다.

먼 옛날로 거슬러 올라가면 원시 시대에 우리 인류의 가치 교환 방식은 물물교환이었다. "이 도구(의 가치)에 적합한 것은 이 정도 되는 사냥감일 거야", "이 물고기는 사과 3개만큼의 가치가 있어". 그런 식으로 현물과 현물을 교환했다.

그렇게 교환을 했는데 만약 그 물건이 썩어버리면 그것의 가치는 소멸한다. 그러므로 '썩지 않고 보존할 수 있다'는 것은 중요한 기능이다.

물물교환에서 시작한 경제활동이 이윽고 현물 대신 돌이나 조개 껍데기 등으로 대체되었고 그러다가 금화나 은화에 가치를 부여하여 교환하기 시작했다. 이것이 화폐 성립의 역사다.

그러나 돌이든 금화나 은화든 그 자체에 가치를 두고 갖고 다니려니 무겁기도 하고 분실할 수도 있고, 하여튼 불편하기 짝이 없었다.

그래서 이번에는 '보증서'를 발행하여 그것을 교환하게 되었다. 이것이 태환지폐兌換紙幣의 시작이다.

이 보증서는 무엇에 대한 것일까? 바로 '금'이다. 이것이 '금본위제'라고 불리는 제도이며 일본을 비롯한 여러 나라가 태환(통화와 금을 교환)하기 위해 금을 보유했다. 즉 금을 담보로 화폐를 발행한 것이다.

그런데 1971년 미국이 금태환 정지를 선언(닉슨 쇼크)하여 금본위제는 종말을 고했고 변동환율제로 바뀌었다. 직접적인 요인은 1950년대 미국의 호황기가 서서히 저물면서 다양한 사회구조적 문제가 부각된 데에 있었다. 환율 고정제에 따른 폐해, 무역 적자 확대, 진흙탕 싸움이 된 베트남 전쟁, 국가 예산을 짓누르는 사회복지

비 등의 문제가 표면화된 것이다.

결정적으로 전 세계로 뻗어나가는 자본 거래와 국경을 초월한 투자 활동, 다국적기업 증가 등 팽창하는 경제에 적절히 대응하지 못하는 낡은 통화체제를 더 이상 유지할 수 없게 되었다.

기존의 통화체제가 더 우수하다고 말하긴 힘들지만 현시점에는 다른 선택지가 없으니 계속 사용한다는 것이 속내이리라.

그런데 이때 가상화폐가 혜성처럼 나타났다. 이는 무엇을 의미할까?

앞서 제1장에서 중국과 러시아가 자국 가상화폐 발행을 검토하고 있다는 이야기를 했었는데 중국과 러시아뿐 아니라 영국, 네덜란드, 캐나다 등 몇몇 국가들도 가상화폐를 발행하려 하는 중이다.

표면적으로는 '위조지폐 대책', '자금 세탁과 탈세 대책'이라고 부르짖지만 사실은 그게 다가 아니다.

'통화발행권'이라는 국가 최대의 기득권익이 가상화폐에게 위협받고 있기 때문이다. 국가는 필사적으로 그 이권을 지키려 하고 있다.

몇 년 전부터 짐바브웨와 그리스 경제 위기를 시발점으로 리스크

헤지[risk hedge] 화폐 용도로 인해 비트코인의 가격이 현저히 올랐다. '자산의 피난처'로 가상화폐가 선택된 것은 많은 사람들이 "국가보다 가상화폐에 더 믿음이 간다"라고 생각했다는 뜻이리라.

현재도 비트코인의 가격은 계속 오르고 있으며, 2017년 12월에는 드디어 IBTC(비트코인의 통화 단위)가 2000만 엔을 돌파했다. 1년 전과 비교해도 20배의 가격이다.

잘 생각해보면 평소 우리가 쓰는 돈 자체가 가상화폐와 같은 성질을 갖고 있다. 지금까지 이야기했듯이 돈이란 원래 금본위제라는 '실물'에서 비롯되었다. 맡긴 돈에 대해 증서를 발행했던 것이 이윽고 돈이라는 개념으로 변화했다.

미국이 금본위제를 포기한 이래, 현재의 통화에는 기본적으로 아무 가치도 증명되어 있지 않다. 실제로는 "아무리 찍어내도 괜찮아요. 나라가 보증하니까요"라고 주장하는 것뿐이다. 그것이야말로 '실체가 없는 가상화폐 그 자체'라고 할 수 있지 않을까?

이처럼 법정화폐와 가상화폐는 통하는 측면이 있다. 둘 다 '무에서 유를 창조하는 구조'라는 점에서 말이다.

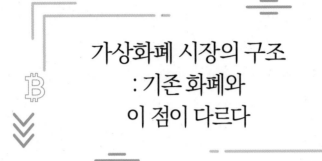

가상화폐 시장의 구조 : 기존 화폐와 이 점이 다르다

여기서는 가상통화의 대표 주자인 비트코인을 예로 들어 가상화폐의 구조에 대한 기초 지식을 정리하겠다.

가상화폐를 한 마디로 표현하자면 "인터넷상에서 결제수단으로 쓰이는 '암호화된' 전자데이터"를 말한다. 그래서 가상화폐를 '암호화폐'라고 부르는 것이 옳다고 하는 사람도 있다.

비트코인은 처음으로 대중의 지지를 받은 가상화폐다.

'암호화된 데이터'를 더 정확하게 말하자면 '거래이력이 이어진 것'이다. 이것을 '블록체인'이라고 한다.

앞의 〈새로운 화폐의 등장 - '저항'의 끝에 있는 것은?〉에서도 잠깐 설명했지만 비트코인은 결제라는 중요한 정보를 취급하지만 주요 관리자가 존재하지 않는다. 따라서 사용자나 중앙 관리자가 데이터와 시스템을 일괄 관리하는 곳으로 접속하여 서비스를 받는 형태(클라이언트 서버 방식)가 아닌, 사용자의 단말기가 서로 직접 연결되어 거래 기록을 분산하고 공유하는 'P2P 방식'이라는 시스템을 채택하고 있다.

가상화폐는 자칭 '나카모토 사토시'라는 수수께끼의 인물이 2008년에 인터넷 커뮤니티상에서 발표한 「Bitcoin A Peer-to-Peer Electronic Cash System」이라는 논문에서 시작되었다. 그 이론에 공감한 많은 기술자들의 협력으로 시스템이 구축되었고 다음 해 첫 거래가 이루어졌다.

비트코인의 대단한 점은 기존의 송금 시스템을 생각해보면 금방 알 수 있다. (제1장 〈가상화폐 등장에 따라 '꿈의 화폐가 실현'될까?〉 참조) 통상적으로 돈을 주고받는 사람들이 서로 직접 건네지 못할 경우 반드시 기관이 제삼자로서 개입된다. 특히 서로 알지 못하는 사람들 사이라면 더욱 그럴 필요가 있다. 부정행위가 일어나지 않도록 둘 사이에 증명해줄 사람을 내세우는 것이다. 그런데 비트코인은 시스템상 그것이 불필요하다. 그것이 'PoW Proof of Work (작업 증명)'이다.

작업 증명에는 두 가지 목적이 있다. 하나는 '거래의 정당성을 확인하는 것', 또 하나는 '기록 위조 방지'다.

작업 증명은 시스템 유지 참여자(마이너, 채굴자)에 방대한 수학적 알고리즘을 해결하도록 함으로써 시스템을 유지하는 행위를 말한다.

부과된 계산 자체는 그리 어렵지 않지만 효율적으로 계산할 수 있는 수식이 존재하지 않으므로 1, 2, 3, 4……, 이런 식으로 수를 일일이 집어넣어 적합한지 확인해야 한다. 값이 맞지 않으면 처음부터 다시 해야 하므로 계산하는 데 시간이 걸린다.

비트코인은 알고리즘 계산에 SHA-256 해시함수를 사용한다. 이것은 미국 NSA(국가안보국)이 설계한 함수다. 작업 증명을 통해 계산된 앞선 거래의 해시값을 다음 거래 기록에 포함시킴으로써 기록

간의 접속을 견고하게 만든다. 또한 이 작업을 연속적으로 하기 때문에 '중간에 끼어들어 데이터를 고쳐 쓰는' 것이 사실상 불가능하다. 이 작업은 비트코인 거래내역 데이터의 위조를 방지하는 데 중요한 역할을 한다.

만약 부정행위, 즉 거래원장을 조작하려 한다면 그것은 체인을 끊는 행위나 마찬가지다. 들키지 않으려면 모든 체인, 즉 P2P로 이어진 사용자의 모든 단말기 블록을 위조해야 한다. 수많은 체인이 새로 생성되어 가는 상황에서 그런 부정행위를 하기란 사실상 불가능하다고 생각한다.

다만 비트코인 거래 자체는 그때그때 이루어지지는 않는다. 약 10분에 한 번, 미처리된 거래가 일괄적으로 처리되어 승인받는다. 이 10분간이 계산에 할애되는 시간이다. 이렇게 해서 일괄 처리된 데이터 덩어리, 즉 블록이 사슬(체인)처럼 연결되는 것이 블록체인이라는 명칭의 유래다.

여기까지 설명했듯이 암호화 기술에 의해 익명성이 보장되고 작업 증명이라는 원리로 투명성도 보장된다. 이것이 가상화폐의 근간을 이루는 기술이다. 다른 말로 표현하자면 블록체인은 위조지폐 발행을 불가능하게 하는 기술이다.

블록체인 구축과 유지를 위한 계산 활동에 참여하는 것을 참여자의 관점에서 '채굴(마이닝)'이라고 하고 그 작업에 종사하는 사람을 '채굴자(마이너)'라고 한다.

그리고 가장 빨리 채굴 작업을 끝낸 사람에게는 보상으로 비트코인이 지급되는 시스템이다.

비트코인 값이 오르면서 채굴에 참여하는 사람들도 늘어났고, 따라서 현재 초고속 컴퓨터와 그에 따른 많은 전력이 필요하다.

그런 이유로 개인이 혼자 채굴하기(솔로마이닝)가 어려워져서 지금은 여럿이 같이 하는 풀마이닝이 일반적이다.

일본에서도 2017년 9월, GMO인터넷과 DMM.com(일본의 인터넷 통신 판매 및 주문형 비디오 사업 기업. - 옮긴이)이 마이닝 사업에 진출한다는 의사를 표명했다.

여기까지는 비트코인의 시스템에 관한 내용이며 비트코인을 사용하는 사람은 잘 모르는 이야기다. 비트코인을 쉽게 이용하는 방법은 다음 장에서 다루겠지만 비트코인을 송금할 때는 공개키와 개인키라는 두 가지 전자키가 필요하다. 물론 그 전자키는 암호화되어 있다.

그중 개인키는 특히 중요하며 만일 어떤 형태로 타인에게 공개되면 비트코인을 도난당하게 되므로 엄중히 관리해야 한다.

이렇게 비트코인 시스템에 대한 해킹이 성공할 가능성은 현시점에서는 거의 제로라고 할 수 있다. 그렇다면 해커들은 어디를 노릴까? 바로 블록체인 자체가 아닌 사용자의 ID와 비밀번호를 노린다. 해커라고 하면 특별한 기술이 있는 사람이라고 생각하겠지만 가상화폐 분야에 일반 사용자가 증가한다는 것은 일반인 해커가 횡행하는 계기가 된다. 블록체인을 위조하는 것은 무리라고 판단한 그들이 ID와 비밀번호를 훔치는 것은 새로운 사건도 아니므로 주의해야 한다.

'관리 주체가 없다'는 점을 가상화폐의 약점으로 느끼는 사람도 있으리라.

그러나 실은 그 점이야말로 비트코인의 특징임을 알게 되었을 것이다.

따로 관리해주는 사람이 없다는 것은 그만큼 개인의 책임 비중이 커진다는 말이다. 특히 아직 가치가 낮았던 과거에는 코인 자체가 지금보다는 소홀히 취급받았을 것이고 누구의 손에도 닿지 못하는 상태에서 사장된 비트코인도 적지 않았으리라. 이것이 디지털골드(전자적 금)라고 불리는 비트코인의 측면이다.

한편 가상화폐의 관리에 관해서는 전혀 다른 리스크가 있다. 그것은 제4장에서 다시 다루겠다.

비즈니스, 여행,
일상생활이 이렇게 변한다
: 송금, 결제, 투자

가상화폐가 보급되는 흐름은 이제 막을 수 없다.

그렇다면 우리 생활은 가상화폐로 인해 구체적으로 어떻게 변할까?

먼저 가상화폐를 사용하는 법에 대해 비트코인을 예로 들어 단순화하여 살펴보겠다.

'거래 정보 기록이 사슬처럼 이어진 것'인 비트코인을 어떻게 넣고 빼면서 갖고 다니면 될까?

이때 이용하는 것이 '월렛(지갑)'이라는 앱이다. 비트코인을 이용하려면 스마트폰이나 컴퓨터에 그것부터 설치해야 한다.

월렛은 말 그대로 비트코인의 '지갑' 역할을 한다. 가상화폐 거래소에서 구매하거나 다른 사람에게 송금 받아 입수한 비트코인을 여기에 넣어두는 이미지다(물론 실제로 코인이 들어 있는 것은 아니다. '거래 데이터'가 남아 있다는 뜻이다).

비트코인을 송금할 때는 자신의 월렛에서 상대의 비트코인 주소로 송금한다. 수취는 그 반대다. 상대방에게 주소를 전하여 그곳으로 송금하게 한다. '지불한다', '입금한다'라기보다는 '데이터를 보낸다'는 이미지다.

월렛에 보관했다가 월렛에서 월렛으로 송금한다. 단순하게 표현하자면 이것이 비트코인을 사용하는 방법이다.

비트코인이 보급됨에 따라 앞으로 비트코인 결제를 허용하는 점포도 늘어날 것이다.

이 흐름이 확산되면 스마트폰만 들고 있으면 실물 지갑은 필요 없어진다.

다만 '스마트폰이 지갑이 되는' 것이므로 스마트폰을 분실하면 지갑을 잃어버리는 것과 같은 리스크가 따른다.

그 외에 비트코인과 제휴한 별개의 회사가 만든 카드에 청구해서 사용하는 방법도 있다.

또 체크카드처럼 월렛과 연동하여 카드를 사용(구매)하는 순간 월렛에서 인출되는 방법도 있고 자신이 선지급한 범위에서 이용할 수 있는 선불카드 방식도 있다.

얼마 전, 한 TV프로그램에서 '꿈의 화폐로서의 비트코인'의 세 가지 특징을 들었다.

① 송금 속도가 빠르다.

② 수수료가 저렴하다.

③ 국가 정세에 좌우되지 않는다.

그러나 현실은 위의 내용과 정반대다.

왜 그런지 하나씩 살펴보자.

① 송금 속도가 빠르다?

비트코인 거래(트래픽)가 정체되는 문제는 많은 하드포크(분기)를 생성하는 주요 요인이다. 거래 정당성을 제삼자가 증명하는 방식을 채택한 부작용이라고도 할 수 있다. 전자 거래임에도 24시간이 걸리는 경우가 드물지 않다. 은행 거래와 달리 영업시간의 영향을 받지는 않지만 말이다.

② 수수료가 저렴하다?

비교 대상에 따라 다르지만 무조건 싸다고 할 수는 없다. 그러면 "같은 전자상으로 가상화폐를 거래할 때는 무료가 되지 않을까?"라고 생각할 수도 있지만 "이 통화는 진짜입니다"라고 누군가가 보증하려면 아무래도 비용이 든다. 즉 '안전'과 '신용'은 곧 비용이다. 게다가 비트코인 자체의 가격이 상승하여 수수료가 비교적 비싸다는 느낌이 들기도 한다.

③ 국가 정세에 좌우되지 않는다?

아주 쉽게 좌우된다. 실제로 자국의 화폐를 신뢰할 수 없다고 판단한 사람들이 가상화폐를 일종의 피난처로 인식하는 점, 정치 동향으로 인한 법률 개정, 법정화폐의 환율 등의 영향을 받아 가상화페의 가격이 오르내리고 있다.

그런데 가상화폐가 우리 생활에 확산되면서 빼놓을 수 없게 된 성격이 바로 '투자 대상'으로서의 가상화폐다.

실제로 지금 현재 일본에서 비트코인 등의 가상화폐가 주목받는 것은 투자 대상으로서의 가상화폐임이 틀림없다. 아마 이 책을 펼치는 분 중 상당수가 가상화폐 투자를 검토하고 있지 않을까?

결론부터 말하자면 가상화폐 투자는 앞으로도 점점 활성화될 것이다. 가상화폐를 구입하는 것이 곧 투자 활동이다. 또한 가상화폐를 구입하여 사용하는 사람이 늘어나면서 최종적으로 일상생활에도 가상화폐가 보급되는 흐름을 탈 것이다.

지금 '가상화폐를 사용해볼까'라고 생각한다면 그것은 바로 '가상화폐 투자를 시작한다'는 말과 동의어라 할 수 있다.

그러나 여기서 주의해야 할 점이 있다.

그것은 가상화폐를 '투기' 대상으로만 생각하고 잭팟을 기대하며 접근하는 것이다.

겨우 한 글자 차이지만 투자와 투기는 '닮은 듯하지만 전혀 다르다'.

만약 당신이 투자가 아닌 투기적 발상으로 가상화폐를 보유했다면 향후 고통스러운 사태를 감내해야 할지도 모른다.

하지만 안심하기 바란다. 그렇게 되지 않도록 이제부터 여러분에게 가상화폐 투자에 대한 자세와 관점을 제시하겠다.

돈을 효율적으로 활용하기 위한 지식과 판단력을 '머니 리터러시 money literacy'라고 한다. 투자를 할 때는 돈에 관해 스스로 판단할 수 있어야 한다.

사람들은 대부분 "어디 대박 날 만한 투자 없을까?" 하고 기웃거린다. 아마도 돈이 많은 사람은 어딘가에서 그렇게 돈이 될 만한 정보를 입수했을 것이라고 생각하기 때문이리라.

하지만 실제로는 투자 대상이 가상화폐이든 장래성이 있는 신흥국가 투자든 간에 머니 리터러시가 결여된 사람은 아무리 시간이 지나도 우연에 기댈 수밖에 없다.

실은 투자에서 중요한 것은 먼저 '이건 진짜인가'라는 판단을 할 수 있는 것이며, '이 투자 상품은 유망한가'라는 생각은 그 다음 이야기이다.

"가상화폐 보급은 이제 막을 수 없는 흐름이다".
그 말이 맞다. 그러나 그렇다고 해서 "지금 당장 시작하면 반드시 대박이 난다"라는 일은 일어나지 않는다. "반드시 대박이 나는 투자" 같은 건 원래부터 없기 때문이다.

투자 대상으로서의 가상화폐에 관해서는 다음 장 이후에 자세히 다루겠다.

가상화폐의 대표 주자
: 비트코인, 이더리움, 리플

지금까지 비트코인을 주로 예로 들면서 이야기했는데, 물론 가상화폐에는 여러 종류가 있다. 현재 약 수천 종 이상이 발행되었다고 하며 정확한 수는 명확하지 않다. 가상화폐 기술을 갖고 있는 사람이라면 가상화폐를 발행하는 것 자체는 그리 어렵지 않기 때문이다.

그 가운데 세상에 최초로 알려졌으며, 현재 최대 규모의 거래수를 자랑하는 가상화폐가 바로 비트코인이다. 가상화폐계의 대장주라고 해도 좋을 것이다. 그 외에도 이더리움Ethereum, 리플Ripple, 리스크Lisk, 어거Augur, 모네로Monero, 넴Nem 등을 일본의 가상화폐 거래소에서 비교적 쉽게 구입할 수 있다.

지금 비트코인과 함께 '새 시대를 연 가상화폐'라고 불리는 것이 이더리움과 리플이다.

비트코인과 리플은 '블록체인 1.0(push형)'을 기반으로 개발되었으며 결제 기능이 주된 특징이다. 한편 이더리움은 '블록체인 기반으로 만들어져 디지털 계약을 할 수 있다'는 특징이 있다.

이 두 가지 플랫폼은 푸시형(Push형)과 풀형(Pull형)으로 나뉜다. 쉽게 말하자면 푸시형은 '스스로 지급한다(미는)', 풀형(잡아당긴다)은 '인출한다'는 의미에서 유래한 용어다.

푸시형 거래는 여러분이 흔히 떠올리는 지급 거래를 말하는데 풀형은 부연 설명이 필요할 것 같다. 풀형 즉 인출식 지급에는 실제로 인출하기 전에 어떤 약속을 해야 한다.

예를 들어 공공요금이 그렇다. 여기서 인출은 '매월 사용한 요금은 다음 달 지정된 계좌에서 자동적으로 인출한다'는 계약을 근거로 이루어진다. 이 사전 약속, 즉 계약을 '스마트 컨트랙트'라고 하며 그것이 가능해진 새로운 가상화폐 유형을 2.0세대라고 한다.

스마트 컨트랙트는 프로그래밍한 대로 계약을 확실하게 실행하고 저장할 수 있는 시스템을 말한다. 이더리움은 목적에 따라 블록체인을 만드는 것이 아니라 하나의 블록체인(이더리움)상에서 다양한 프로그램과 분산형 어플리케이션을 구동하여 계약할 수 있게 한다. 이더리움에서 사용하는 가상화폐 '이더ETH'는 본래 프로그램을 실행할 때 사용되는 통화다.

그러나 한편으로 프로그램을 짜서 청구할 수 있고 아무래도 자유도가 큰 시스템은 고도의 보안 지식이 요구된다. 기능이 많다는 것은 빈틈이나 누락될 부분도 많다는 뜻이니 해킹이나 취약점을 노린 공격을 당할 여지가 많기 때문이다.

실제로 2016년 6월, 이더리움을 플랫폼으로 이용한 투자펀드 다오The DAO가 해킹 피해를 입고 약 50억 엔 상당의 이더가 소멸되었다 (이런 문제를 안고 있으면서도 이더리움은 여전히 시가총액 2위의 지위를 유지하고 있다).

가상화폐계의 또 다른 대표 주자는 리플이다. 제1장에서 리플이 은행 시스템에 채택될 것이 거의 확정되었다고 말한 바 있다.

리플의 강점을 쉽게 말하자면 거래 승인 속도가 빠르다는 것이다. 비트코인에서는 통상 10분 정도 걸리는 승인 시간이 겨우 1~2초면 끝난다.

이는 물론 기술적 구조가 다르기 때문이다. P2P를 중개하여 기본적으로 동등한 입장에서 컴퓨터가 연결되는 비트코인에 비해 리플은 '검증인(밸리데이터)validator'이라는 거래를 평가하는 상위 서버가 세계에 30대 정도 존재한다. 이 밸리데이터의 70%가 거래를 승인하면 그 거래는 OK라는 뜻이며 그 결정이 순식간에 떨어진다.

앞서 말했듯이 리플은 IOU라는 채무 보증작업을 하기 위해 자산을 움직이는 비트코인 같은 복잡한 작업증명(거래 정당성을 확인하는 작업)을 할 필요가 없다. 밸리데이터의 승인이 그 역할을 대신하기 때문이다.

리플은 그 특성상 신뢰할 수 있는 금융 시스템으로서 구동될 가능성이 크다. 첫째, '송금'을 주된 기능으로 삼았고 둘째, 은행이 사용하기 편한 기능을 탑재했다(모든 거래를 블록체인상에 기록할 수 있고 계좌 개설 및 계좌 동결이 가능하며 수수료를 추가할 수도 있다). 마지막으로 결제 시간이 짧다.

최근 "앞으로 살아남을 가상화폐는 무엇인가?"라는 논의가 종종 이루어진다. 향후 더 뛰어난 기능을 보유한 가상화폐가 등장할지도 모르지만 앞으로도 이 3가지는 화폐의 역사를 바꾼 가상화폐로 이름을 남길 것이다.

그 근거로 '거래량'을 들 수 있다. 가상화폐라는 새로운 시장이 확대되는 이 시기에는 눈부신 변화와 성장, 시행착오가 거듭되기 마련이다. 각 가상화폐는 생존하기 위해 치열한 경쟁을 펼치고 있으며 그에 따라 시가총액 순위가 계속 바뀌고 있다.

이런 흐름은 앞으로도 당분간 계속될 것이다. 그러나 순위가 다소 바뀐다 해도 지금 예로 든 비트코인과 이더리움, 리플, 이렇게 3가지 화폐가 이루어낸 공적이 빛을 바래는 일은 없으리라.

내 지인은 지금 가상화폐 시가총액 10위에 드는 어느 가상화폐를 보유하고 있다. 그는 수백만 엔을 들여 그 가상화폐를 구입했고 현재 억 단위로 자산이 불어났다.

그런데 그가 '손 안 대고 코풀기 식'으로 일확천금을 벌었다며 기뻐하고 있느냐 하면 그렇지 않다. 사실은 10위 안에 드는 화폐임에도 거래량이 적어서 그 자산을 현금화할 수 없기 때문이다.

결과적으로 그가 산 가상화폐가 큰 점유율을 차지하고 있기에 선불리 그 화폐를 전량 매도한다면 거래판 자체가 엎어질 수도 있다.

그렇다고 그냥 두자니 언제 가격이 하락할지 몰라서 지인은 '걱정으로 잠 못 이루는 밤'을 보내고 있다.

이처럼 지금은 '3가지 화폐 외의 가상화폐는 거래량 자체가 너무 적다'는 것이 현실이다.

로이터통신에 따르면 전 세계 가상화폐 거래량은 2017년 11월 1일 시점, 약 1840억 달러(약 21조엔) 규모에 달했다. 2017년 12월 7일 닛케이신문은 비트코인의 시가총액이 드디어 도요타자동차를 추월했다고 보도했다.

대기업의 시가총액 정도. 이것이 현재 비트코인의 시장 규모다. 현재 시가총액 세계 1위인 애플사가 약 100조 엔이므로 정말로 '이제부터 시작'인 시장인 셈이다. *

---

* 2018년 6월 현재 비트코인의 시가총액은 코인마켓캡 기준 약 118조 원이며 암호 화폐 발행 규모는 약 1580여 종, 시가총액 약 285조 5000억 원 규모이다.

상위 1%만 알고 있는
가상화폐와 투자의 진실

스웨덴은 98%가 캐시리스 : 캐시리스 선진국으로 보는 미래상

현금을 갖고 다니지 않는 게 일반적인 나라가 있다.

우리에게는 상당히 놀라운 사실이다.

더구나……

'현금 결제는 겨우 2%'라고 한다면 더욱 놀랄 것이다.

그런 나라가 정말로 존재한다.

바로 스웨덴이다.

스웨덴에서는 'e-크로나'라는 독자적인 화폐를 카드와 스마트폰으로 사용하는 결제수단이 주류가 되었으며 법정화폐(스웨덴 크로나)

로 하는 거래는 2%에 불과하다.

예를 들어 스웨덴 거리에서 동전을 들고 카페에서 커피를 사 마시려면 "우리 가게는 신용카드나 스마트폰 송금만 할 수 있어요. 현금은 받지 않습니다"라는 말을 듣는 경우가 대부분이라는 말이다.

스웨덴의 현금 없는 사회는 2016년에 단숨에 확산되었다고 한다. 편의성을 추구하는 국민성 덕분에 스웨덴은 2013년쯤에 총 거래의 약 60%가 현금 없는 결제로 이루어졌다. 그리고 국가 정책상 본격적으로 캐시리스가 도입되자 순식간에 실물 화폐가 밀려난 것이다.

이 e-크로나는 스웨덴의 실물 화폐인 크로나와 1대 1의 등가교환으로 이루어진다. 요컨대 '디지털 화폐가 실물 화폐를 완전히 대체한' 것이다.

참고로 e-크로나에는 블록체인 기술이 적용되지 않았다. 기본 프로그램은 스웨덴의 주요 은행 6곳이 공동 개발한 결제 모바일 앱 '스위시Swish'다. 휴대전화 번호와 개인 인증만으로 자신의 은행 계좌에서 직접 지불 및 송금을 간단히 할 수 있다. 비트코인과는 약간 다른 시스템으로 이루어졌다.

'98%가 캐시리스', 즉 어린아이부터 노인에 이르기까지 누구나 앱으로 돈을 주고받는다는 것은 이 앱 자체가 상당히 사용자친화적, 즉 '누구나 쉽게 사용할 수 있도록' 만들어졌다는 뜻이다.

들리는 이야기에 따르면 거지도 캐시리스로 기부(?)받고 싶어 한다고 한다. 전화번호를 이용하여 송금하는 구조이므로 "전화번호를 입력해 달라"고 부탁하는 모양이다.

마치 근미래를 묘사한 만화 같은 이야기지만 실제로 벌어지고 있는 이야기다.

'기존 화폐(스웨덴 크로나)와 1대 1 등가'로 규정함으로써 언제든지 일정한 가격 변동률이 유지되어 안심할 수 있고, '앱이 사용자친화적'이므로 누구나 그 편의성을 곧바로 향유할 수 있다는 점이 스웨덴이 현금 없는 사회가 된 결정적인 이유다.

국가도 자국의 화폐 가치가 소멸되거나 비트코인 같은 다른 캐시리스(전자 화폐)로 대체될 위험을 우려하지 않아도 된다.

'편리하고 안심할 수 있는 캐시리스이므로 일부러 비트코인을 사용할 필요가 없다.'

스웨덴 국민은 아마 그렇게 생각할 것이다.

스웨덴은 이처럼 획기적으로 국가 차원에서 '자산을 보호'하는 데 나섰다. 그것이 스웨덴의 대단한 점이다.

일본 은행의 미래
: 소멸 혹은 진화?

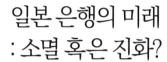

앞서 소개한 스웨덴 외에도 현금 없는 사회를 본격적으로 도입 중인 나라로 같은 북구권의 에스토니아 공화국을 들 수 있다.

에스토니아 정부는 현재 모든 돈의 흐름을 시스템에 기록하기 위해 국민의 ID 관리를 블록체인화하는 프로젝트를 진행하고 있으며, 몇 년 내에 완성될 예정이다.

한편 전문가들은 가상화폐는 개발도상국일수록 쉽게 보급된다고 말한다.

개발도상국일수록 '국가' 체제 자체를 신뢰하지 못하기 때문이다.

'돈이 언제 종이쪼가리가 될지 알 수 없'는 상태의 나라나 자국 화폐에 대한 신뢰가 떨어지는 국가일수록 가상화폐가 확산되기 쉽다. 그런 나라에 사는 사람들은 은행 계좌는 없어도 휴대전화 단말기는 갖고 있는 경우가 많기 때문이다.

얼핏 양극단에 있는 것처럼 보이는 북유럽과 아프리카지만 실은 공통점이 있다. 둘 다 '국가 시스템이 단순하다'는 점이다. 그런 반면 다른 선진국의 시스템은 복잡하고 어렵다. 그러므로 국가 주도하에 가상화폐를 도입하는 것은 사실상 쉽지 않다.

그렇다고 "역시 일본은 뒤처졌다"고 생각할 필요는 없다. 실제로 일본의 금융 시스템은 아주 뛰어난 편이다.

예를 들어 일본에서는 은행 계좌 이체가 그날 바로 되는 것이 당연한 일이지만 전 세계적으로 보았을 때 그게 가능한 나라는 그리 많지 않다. 미국도 지방에 송금하거나 타행 이체가 완료되는 데는 보통 며칠이 걸린다.

일본이 '가상화폐 후진국'인 것은 원래부터 뛰어난 금융 시스템이 있어서 사용자가 스트레스를 받지 않았기 때문이 아닐까?

물론 국민의식과 시스템은 별개다. 지금의 일본은 천문학적 규모의 부채를 끌어안고 담보도 기준도 없는 상황에서 양적완화를 실행하고 있다. 이런 상황에서 권력에 의지하지 않고도 가치를 담보할 수 있는 가상화폐 거래가 급증하는 것은 우연이 아니리라.

가상화폐가 보급되면 우리 생활은 확실히 더욱 편리해질 것이다. 그렇게 되면 그때까지 국가의 규제에 따라 보호받아온 은행은 '임무 완료' 상태가 되지 않겠느냐는 의문을 품을 수도 있지만 그렇지는 않다.

오히려 앞으로 은행은 더 많은 이익을 내고 엄청난 수익을 얻는 비즈니스 모델로 거듭날 가능성도 있다.

'편의성이 요구되는 것'을 전부 가상화폐가 대체하기 때문이다.

예를 들어 ATM 기기와 은행 창구를 없애고 지점 수도 줄일 수 있다. 즉 조직을 극단적으로 슬림화하여 막대한 인건비를 절감할 수 있다. 그러면 은행은 본업인 '돈을 빌려주는', 즉 대출 사업에만 선념할 수 있다.

부수적인 업무는 하지 않고 수익을 올리는 일만 하는 것이 은행의 미래 예상도다.

다만 그 반대급부로 은행원은 정리해고라는 역풍을 맞을 것이다. 가상화폐, 그리고 AI의 발달로 인간의 힘을 필요로 하는 부분이 적어지기 때문이다.

"하지만 대출 사업도 가상화폐로 할 수 있지 않나요?"
이런 의견도 있다.
그러나 그것은 상당히 어려운 일인 모양이다.
일본의 법률상 대출은 법정화폐로 인정받은 것, 즉 일본 정부가 발행하는 '일본 엔화'에 대해 이자를 취득하게 되어 있는데 비트코인은 그것이 불가능하다.
또 가상화폐는 가격 변동률의 영향을 그대로 받는데 그 점은 돈을 빌려주는 측에 큰 위험 부담이 된다.
엔이 법정 통화로 존재하는 이상 대부업은 엔화를 빌려주어야 가장 높은 수익을 거둘 수 있다. 그러므로 '비트코인 금융'은 향후 가격이 안정될 때까지는 성립하기 어려울 것이다.

"가상화폐로 인해 은행은 소멸할 것이다."
그렇게 생각하는 사람이 많은데 오히려 정반대다.

은행은 조직을 슬림화하여 계속 수익을 올릴 것이다. 물론 은행이 지금처럼 '국가의 과보호'를 받는 자세를 바로잡고 본래의 경쟁력을 키울 때에 적용되는 이야기이다.

도박인가 투자인가?
: '가상화폐 거품'을 어떻게 해석할 것인가?

'스마트폰으로 언제 어디서나 어디로나'

현 단계에서 비트코인을 비롯한 가상화폐의 매력은 해외 결제와 송금 분야에서 힘을 발휘한다는 것이다.

그러므로 무역업 등 해외 비즈니스를 하는 기업은 비트코인에 주목하면서 이용 방안을 모색하고 있다.

그렇지만 일본 기업이 종업원에게 지급하는 급여와 국가에 납부하는 세금은 결국 '엔화'이다. 즉 현시점에서는 아무리 가상화폐를 사용하여 비즈니스를 하고 이익을 내도 최종적으로는 엔화로 환금해야 한다는 말이다.

이때 문제가 되는 것이 가상화폐의 가격 변동률이다. 가격 변동률이란 가격 변동이 얼마나 심한지를 나타내는 지표이다.

가격 변동률의 영향을 얼마나 최소화하면서 엔화로 바꿀 수 있는가? 또는 운용할 것인가. 이것이 가상화폐를 사용한 비즈니스의 최대 과제다.

비트코인 등 가상화폐를 이용한 서비스는 앞으로도 다양하게 등장할 것이다.

예를 들어 증권사가 비트코인을 취급할 수도 있고 은행 예금처럼 '가상화폐를 맡기는' '가상화폐 뱅크' 같은 기관도 생길 수 있으리라.

또 해외 송금을 대행하는 자금 이동업과 새로운 거래소 등도 증가할 것이다.

또는 블록체인 기술을 이용하여 스마트폰을 룸키 대신 송신하면 방문이 열리는 에어비앤비Airbnb도 생각할 수 있다.

다만 일반적인 일본 기업이라면 여기서 발생한 이익은 결국 '엔화'로 바꿔 그 금액을 확정해야 한다. 그러므로 가상화폐를 이용한 다양한 비즈니스 아이디어를 실제로 수익화할 때는 가격 변동률이나 환금할 거래소를 고려해야 한다.

앞으로 일본이 본격적으로 '가상화폐 세상'이 되려면 먼저 '엔화'뿐 아니라 비트코인 등 가상화폐만으로 결제할 수 있는 환경이 갖춰져야 한다. 급여, 각종 공공요금, 나아가 납세까지…… '엔화로도 비트코인으로도 지급할 수 있는' 세상. 아마 머지않아 그렇게 될 것이다.

실제로 남아프리카공화국에서는 벌금을 비트코인으로 낼 수 있다.

그러나 일본의 현 상태를 이야기하자면 '가상화폐를 상업용으로 이용하자'는 동향은 아직 지극히 일부다. 미디어가 주로 투기로서의 가상화폐만 앞 다투어 보도하고 있다.

"아직 시장에 참여한 사람이 별로 없다."

"그러니 지금이 기회다."

"빨리 사야 한다!"

"비트코인은 몇 년 안에 수십 배로 오를 테니까!"

이것이 비트코인 열풍의 실정이다.

지금 일반인이 가상화폐를 가장 빠르고 보편적으로 접할 기회는 가상화폐에 대한 투자임은 분명하다.

그러나 투자라면 당연히 올바른 '투자 마인드'가 필요하다.

다음 장에서는 가상화폐를 접하기 전에 알아둬야 할 '올바른 투자 마인드'에 관해 찬찬히 살펴보겠다.

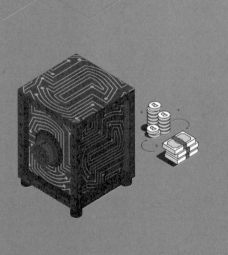

제3장

가상화폐를 내 편으로
만드는 방법

: 올바른 투자 마인드를 갖는다

The Truth of Cryptocurrency
and Investments

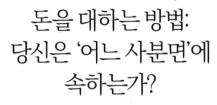

돈을 대하는 방법:
당신은 '어느 사분면'에
속하는가?

가상화폐라는 새로운 조류가 출현하자 다양한 매체가 그 동향을 다루고 있다. 그러나 실제로는 '가상화폐는 어떤 것인지'조차 모르는 사람들이 태반이다.

정체를 잘 모르기 때문에 "부화뇌동하면 안 돼!"라며 가상화폐를 경원시하거나 '악당 취급'하는 움직임도 있지만, 우리는 결코 가상화폐를 '악'으로 간주하지는 않는다.

지금까지 이야기했듯이 가상화폐에는 큰 가능성이 있고 앞으로 점점 팽창할 시장이 있으므로 밝은 미래가 기대된다. 그러니 그 가능성을 부정할 필요는 없다.

즉 "가상화폐에 휘둘리지 마라!"가 아니라 "가상화폐와 '잘' 지내자"는 말이다.

이렇게 활기를 띠는 시장을 무턱대고 악당 취급하며 존재 자체를 무시하는 것은 안타까운 일이다.

가상화폐는 앞으로 점차 법령이 정비됨에 따라 일반인에게도 '정체불명'의 존재에서 '금융수단'으로 인지될 것이므로 투자 대상으로서도 충분히 매력적이다.

비트코인의 분열 소동과 몇몇 문제를 보고 "좀 더 상황이 안정되면 (투자를) 고려해볼까……"라고 생각하는 사람도 많으리라.

그러나 많은 사람이 인지하고 일반화되었을 때는 투자 대상으로서의 매력이 반감되는 면도 있다.

투자는 기본적으로 돈만 있으면 누구나 참여할 수 있다. 그러므로 투자 원칙을 교과서적으로 말하자면 "하루빨리 시장에 참여하는 것이 유리하다". 다만 그것은 "투자 안건을 바르게 판단할 수 있다"는 전제가 있어야 한다.

그게 가능하다면 가상화폐를 내 편으로 만드는 것은 결코 꿈이 아니다.

이 장에서는 '돈을 대하는 방법'에 관해 이야기하겠다. 가상화폐는 당신과 돈의 관계 중 일부를 차지한다.

돈을 대하는 방법에는 다음의 네 종류가 있다.

- (돈을) 번다
- (돈을) 모은다
- (돈을) 불린다
- (돈을) 쓴다

우리는 항상 이 네 가지 방법 중 하나로 돈을 대한다.

돈을 벌고 모으고 불리고 쓴다. 이 사이클이 우리의 경제 활동이다.

많은 이들은 현재의 가상화폐가 증식하는 양상을 처음의 '(돈을) 번다'라는 단계와 연관 짓는다. "지금 주목받는 가상화폐로 한몫 챙기자"라는 생각이다.

그러나 돈을 버는 단계에서 그 수단으로 가상화폐에 눈길을 주는 것은 실은 크나큰 잘못이다.

가상화폐에 투자하여 돈을 번다. '돈을 버는 수단'으로 가상화폐를 이용하는 것은 투자가 아닌 '투기'다. 즉 데이트레이드나 도박과 같은 부류에 속한다.

전작인 《상위 1%만 아는 '돈의 진실'》에서는 베스트셀러인 《부자 아빠 가난한 아빠》의 저자인 로버트 기요사키의 '현금흐름 사분면'을 소개했다.

현금흐름 사분면

E Employee (직장인)	B Business Owner (사업가)
S Self Employed (자영업자)	I Investor (투자자)

출처: 현금흐름 사분면, 《부자 아빠 가난한 아빠》, 로버트 기요사키

상위 1%만 알고 있는
가상화폐와 투자의 진실

기요사키는 이 세상에는 현금흐름을 얻는 네 가지 방법이 있다고 말한다. 그는 'Employee(E)'(직장인), 'Self Employee(S)'(자영업자), 'Business Owner(B)'(사업가), 'Investor(I)'(투자자)라는 사분면으로 나누었다.

그리고 우리는 전작에서 향후 일본의 위기적 경제 상황을 생각할 때 'E'나 'S'의 위치에 고정되지 않고 'B'와 'I'의 사분면도 염두에 둬야 한다고 주장했다.

또한 '이렇게 불안정한 시대에는 수입을 확보하는 길을 한 가지 사분면에만 두는 것은 위험'하기 때문에 몇 가지 사분면을 확보하는 '하이브리드 사분면'의 태도를 권장했다.

"하이브리드 사분면이라니, 왠지 어려울 것 같다"고 생각할지도 모르지만 예를 들어 직장인이 투자 활동을 하는 것도 어엿한 하이브리드다.

현재 가상화폐의 심한 가격 변동에 일희일비하면서 컴퓨터 앞에 붙어 앉아 데이트레이드처럼 매매시점만 생각하는 것은 사분면의 'B'나 'I'의 '자유도가 높은 근로 방식'이나 현금흐름을 얻는 방법과는 꽤나 동떨어져 있다. 자신의 시간을 쪼개서 팔아 현금흐름을 얻는 'E'나 'S'의 근로 방식과 다름없기 때문이다.

투기의 가장 나쁜 점은 정신적 자유도가 없다는 것이다. 끊임없이 가격 변동에 신경 써야 해서 심리적 여유가 없어진다. 그러면 원래 자신이 하는 일에도 집중하거나 힘을 발휘할 수 없지 않을까? 설령 투기로 운 좋게 많은 돈을 획득했다 하더라도 다음에는 돈을 잃을지 모른다는 공포가 도사리고 있다.

가상화폐에 투자하려는 사람은 '돈을 버는' 것이 아니라 세 번째 '돈을 불리는' 것에 의식을 집중해야 한다. 돈을 벌어서 그 돈을 차곡차곡 모은 후 그 잉여자금으로 투자를 해서 돈을 불리는 사이클이 중요하다.

첫 번째 '돈을 번다'를 보자. 실은 현재 상황을 크게 변화시키기란 어려운 일이다.

만약 당신이 직장인이고 "급여를 지금보다 3만 엔만 늘리자"라고 생각했다고 하자. 그게 마음대로 될까? 회사와 협상해서 그 자리에서 "그렇게 해 주겠다"는 대답을 들을 수 있는 사람은 단 한 명도 없을 것이다.

상위 1%만 알고 있는
가상화폐와 투자의 진실

다시 말해 '돈을 버는' 것은 자신의 의지로 통제할 수 없다.

반면에 '돈을 모은다', '돈을 불린다', '돈을 쓴다'는 자신이 관리하며 통제할 수 있다.

소비를 억제하면 점차 돈이 '모이고' 올바른 지식을 갖고 투자 활동을 하면 돈을 '불릴 수 있다'. 돈을 '쓰는' 것은 가장 통제하기 쉬운 일이다. 그만한 돈을 무엇을 하는 데 사용하는지 기록하고 수정하기만 하면 되기 때문이다(자세한 내용은 뒤에 설명하겠다).

그러면 가상화폐는 당신에게 어느 단계에 있어야 할까? 그렇다. '돈을 불리는' 단계다.

그러려면 돈과 투자에 관한 올바른 지식과 가치관을 가져야 한다.

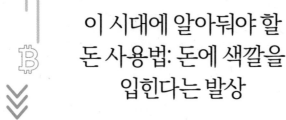

이 시대에 알아둬야 할 돈 사용법: 돈에 색깔을 입힌다는 발상

그러면 돈을 대하는 법 가운데 가장 통제하기 쉬운 '돈을 쓰는 법'을 살펴보자.

가상화폐는 당신이 돈을 대할 때의 수단(증식하다) 중 하나에 불과하다. 그러므로 돈에 관한 전반적인 지식을 얻고 어떻게 해서 돈과 공존할지 생각해야 가상화폐를 당신의 편으로 만들 수 있다.

'세계 최고의 투자자', '투자의 신'으로 유명한 워런 버핏은 다음과 같은 명언을 남겼다.

"돈을 모으는 원칙은 두 가지밖에 없다. 첫째, 돈을 잃지 마라. 둘째, 첫 번째 법칙을 잊지 마라."

즉 가격 변동률만 신경 쓰면서 "얼마나 벌 수 있는가?"를 생각하기보다는 "얼마나 잃지 않게 할 것인가?", "어떻게 살아남을 것인가"를 생각하는 것이 투자에서 가장 중요한 점이라는 말이다.

가상화폐는 현재 일반인에게는 보편화되지 않았지만 투자용으로는 가장 핫한 투자 대상임은 틀림없다.

그러나 여기서 냉정하게 올바른 투자 마인드를 갖고 이 상황을 보면 아무것도 모르는 초짜가 가상화폐를 통해 '돈을 번다'는 발상 자체가 위험하다는 것을 잘 알 수 있다.

먼저 자신의 돈을 활용하는 방법을 종합적으로 생각하는 과정 없이 단순히 '돈을 벌 기회'라고 판단해서 가상화폐 투자를 시작하는 것은 '어떻게 살아남을 것인가?', 즉 투자의 기본 중 하나인 '자산을 지킨다'는 측면을 완전히 간과하는 행위다.

그리고 돈을 활용하는 방법에서 이 '지킨다'와 직결되는 것은 실은 네 번째 '돈을 쓴다'는 부분이다.

어째서 돈을 쓰는 것이 '지키는' 것과 직결될까?

앞서 말했듯이 '돈을 버는' 것은 자신이 큰 변화를 주기 어려운 부분이다. 그러나 '돈을 쓰는' 것은 돈을 '쓰는 법'을 수정하면서 지출을 통제할 수 있다. 돈이 나가는 양을 통제하면 그것이 곧 자신의 자산을 지키는 것이기 때문이다. '쓰는 것'은 기본적으로 지금 있는 것이 줄어들지 않게 하는 가장 손쉬운 방법이라 할 수 있다.

지출을 통제하기 위해 먼저 해야 하는 일은 '머니 리코딩' 즉 '무엇에 돈을 썼는지' 기록하는 것이다.

간단히 말하자면 '가계부를 적는 것'이다.

이때 '돈에 색깔을 입히는' 것이 중요하다.

돈을 쓰는 법은 세 가지로 분류할 수 있다. 낭비, 소비, 투자다.

낭비는 쓸데없는 데에 돈을 쓰는 것이다. 사지 않아도 되는 물건을 사거나 도박이나 과다한 유흥비 등에 쓴 돈이다. 과거를 돌아보았을 때 후회하거나 죄책감이 들거나 앙금이 남는다.

소비는 '지금 현재 생활과 직결되는 것'에 돈을 쓰는 것이다. 현 상태를 유지하기 위한 생활비나 식비 등이 이에 해당한다.

그리고 투자는 '미래를 위해' 돈을 쓰는 것이다. 지금 현재를 윤택하게 보내기 위해서가 아니라 미래를 위해 돈을 쓰는 것이 투자다.

상위 1%만 알고 있는
가상화폐와 투자의 진실

즉 낭비는 과거, 소비는 현재, 투자는 미래를 위한 것이며 이 세 가지 중 어디에 초점을 맞추느냐에 따라 돈을 쓰는 것에 관한 가치관이 달라진다.

낭비 항목에 돈을 쉽게 쓰는 사람은 수중에 돈이 없거나 빚을 지기 쉽다. 소비 규모가 큰 사람은 '지금이 제일 중요하다', '현재를 즐기자'를 지향한다. 미래에 주목하고 장래를 생각하는 사람은 당연히 투자에 비중을 더 둔다.

나가는 돈을 기록하고 그것을 과거, 현재, 미래라는 색깔을 입혀 분류함으로써 자신의 가치관, 즉 현재 돈을 쓰는 방법을 파악할 수 있다.

이렇게 지출 내용을 기록한 다음에는 '시세를 파악한다'.

여기서 시세란 주식의 주가와 같은 의미는 아니다. 내가 쓴 돈의 '적정가격', '적정비율'이라는 뜻이다.

수입에 따라 변하는 부분도 있지만 직장인의 연평균 수입인 422만 엔(세후 340만 엔)을 예로 들어보자. 세간에서 말하는 이상적인 지출 비용은 일반적으로 다음과 같다.

참고로 총무성 통계국에서 발표한 수치를 기준으로 말하자면, 주거비가 월평균 7~10만 엔, 광열비가 1~1.5만 엔, 식비가 전국 평균 일인당 6.3만 엔, 세대의 경우 7.3만 엔 정도다. 생명보험에 지출하는 평균 보험료는 1인 가구인 경우 약 1만 엔, 세대로는 약 2만 엔 전후라고 한다.

저축에는 투자 비용도 포함된다. 예를 들어 현재 월수입의 20%를 저축하는 경우, 가상화폐 투자 금액은 그중 10% 정도를 상한선으로 정해야 한다.

수입에 대한 이상적인 지출 비율	
식비	15~20%
주거비(이사 비용 포함)	25%
수도광열비	5%
통신비	3% 미만
보험료	1~3%
교육비(자기계발비 포함)	10%
차량 유지비	5%
취미 및 오락비(용돈, 교제비 포함)	15~20%
저축(저축성이 있는 투자 포함)	20~30%

물론 이 수치가 반드시 모든 사람에게 적정 비율은 아닐 것이다.

예를 들어 집만 봐도 사는 곳에 관한 만족도가 자신의 인생에서 아주 중요한 부분을 차지하는 사람은 주거비를 반드시 25% 내에 들어가도록 할 필요는 없다. 그 대신 차를 사지 않아도 된다면 차량에 들어가는 지출을 주거비로 돌리면 얼추 계산이 맞는다.

다만 자신의 지출을 기록하면서 이 시세와 대조하면 일반적인 기준에 비해 자신은 어디에 어떻게 지출을 많이 하는지 적게 하는지 알 수 있다.

그에 따라 자신이 돈을 쓰는 경향과 습관을 알 수 있다. 객관적인 수치를 확인함으로써 지출을 통제할 수 있는 것이다.

그러나 사람들은 이 '지출 기록'과 '시세를 아는' 것을 실천하지 않는다.

우리가 주최하는 머니스쿨에서도 실제로 이 작업을 그 자리에서 하게 할 때가 있는데 그중에는 '주거비'밖에 쓸 수 없다는 사람도 있었다. 그리고 다른 부분은 "잘 모르겠네……"라고 얼버무리는 경우가 많았다.

아마도 상당수가 이렇지 않을까?

주거비밖에 쓰지 못했다는 어떤 수강생은 실은 연 수입이

2000만 엔 이상인 고소득자였다.

그런 반면 아주 드문 경우이긴 하지만, 연 수입이 300만 엔 정도인 젊은 사무직 여성이 지출을 통제하여 1000만 엔 이상을 저축한 경우도 있었다.

즉 '돈을 버는' 능력이 아주 뛰어나지만 '돈을 쓰는' 능력은 낮은 사람이 있다는 말이다. 그러므로 수입과 지출은 완전히 별개로 생각해야 한다.

"투자를 하고 싶지만 그럴 만한 돈이 없다."

머니스쿨에서는 그런 하소연도 종종 듣는다.

실은 지출을 통제하기만 해도 투자할 돈은 의외로 간단히 생긴다.

이것을 계기로 당신도 자신의 '돈을 쓰는 법'을 꼭 객관적으로 살펴보기 바란다.

로또 당첨은 무서운 일이다
: 가상화폐로 파멸한다?

"가상화폐로 대박 났어요!"

인터넷이나 잡지에는 그런 사람의 이야기가 종종 등장한다.

물론 비트코인 같은 가상화폐를 저렴하게 샀는데 그것이 수십 배로 부풀어 올랐다는 그 이야기는 거짓이 아니리라.

"가상화폐를 샀더니 수십 배로 값이 뛰었다." 이것은 말하자면 로또에 당첨된 것이나 마찬가지다.

앞서 말했듯이 투자에서 중요한 것은 '공격'보다 '수비'다. 돈을 대하는 방법 중 '돈을 쓰는 법'에 해당한다. 즉 돈에 관한 지식은 '어떻게 벌 것인가?'보다 '어떻게 쓸 것인가?'가 더 중요하다는 말이다.

로또에 당첨된 사람은 돈을 쓰는 법에서 실패하는 경향이 있다.

요컨대 '낭비'를 잘한다.

또는 생활수준을 섣불리 높여서 주로 '소비'에 돈을 쓴다. 그러면 그 수준을 유지하기 위해 점점 더 많은 소비를 하게 된다.

그러나 예기치 못한 임시 수입이 수중에 들어왔다고 해서 분수에 맞지 않는 생활을 하는 것은 자칫하면 파멸을 향해 한 걸음 내딛는 행위가 될 수도 있다. 들어오는 돈 이상으로 쓰기 시작하면 결국 돈은 바닥을 드러내기 때문이다.

실제로 우리 주변에서도 "수억 엔이 있었지만 지금은 한 푼도 없다"라고 말하는 사람을 간혹 볼 수 있다.

기본적으로는 수입Income의 범위 내에서 살아야 한다. 여기서 'Income'은 '인컴 게인Income gain'을 뜻한다. '자산에서 창출된 이익으로 생활하는 것'을 말한다. 만약 자신의 재능이나 능력을 자산이라고 규정한다면 그로써 지속적인 이익을 확보할 수 있으므로 생활수준을 높여도 문제가 없다는 의미다. 목표와의 거리에 따라 다르겠지만 원칙적으로는 수입이 늘었다고 해서 생활수준을 섣불리 높이는 것은 바람직하지 않다.

반면 '캐피털 게인Capital gain'은 매각이익을 말한다. 만일 매각이익으로 엄청난 차익을 한꺼번에 얻었다면 조심해야 한다. 게다가 로또 당첨과 같은 우연한 매각이익에 들떠서 자신의 생활양식을 바꾸는 것은 위험하기 짝이 없는 일이다.

여기서 말할 수 있는 것은 '자신의 돈에 관한 지식과 보유한 돈이 따로 놀면 불행해진다'는 이치이다.

물론 이는 가상화폐 투자에만 국한되지 않는 말이며 모든 투자에도 해당된다.

앞서 말한 투자자 워런 버핏도 기본적으로 예나 지금이나 비슷한 생활비로 살아가고 있다고 한다.

버핏은 지금도 미국 네브래스카 주의 시골 마을에 있는 낡은 집에 살고 있으며 중고차를 굴리고 식사로는 햄버거를 주로 먹는다.

이것은 버핏 자신에게 '나는 투자자다'라는 강한 인식이 있기 때문이 아닐까? 따라서 그는 '매각이익으로 생활수준을 바꾸지는 않는다'는 원칙을 강직하게 지키는 것이다. 또한 그는 매각이익으로 얻는 이익이 얼마나 불안정한지 누구보다 잘 알고 있으리라.

가상화폐로 많은 돈을 단숨에 버는 로또 당첨 같은 현상이 무서운 까닭은 자신의 생활이 변하기 때문만은 아니다.

무엇이 무서운가 하면 '세금'이다.

2017년 9월, 일본 국세청이 발표한 세무 상담 자동응답 시스템에 따르면 비트코인으로 얻은 이익을 '잡소득'으로 분류하여 세금을 부과할 수 있음이 분명해졌다.

이에 부과되는 세액은 최대 40.5%로 상당히 높은 편이다.

물론 이는 가상화폐를 환금하여 이익을 확정했을 경우에 부과되는 세금이다. 결국 아무리 '가상화폐로 대박이 났다!'고 한들 실제 돈으로 바꾸면 세금으로 왕창 뜯기기 때문에 그게 싫다면 일본 엔화로 바꾸지 않고 미실현이익을 계속 갖고 가야 한다.

가상화폐로 돈을 벌기는 했지만 사실은 '빼도 박도 못 하는' 상황에 놓였음을 인식하는 사람은 그리 많지 않다.

상위 1%만 알고 있는
가상화폐와 투자의 진실

승부는 절대로 하지 마라
: '투자로 돈을 번다'는 위험한 말이다

우리 동료 중에는 풍부한 경험이 있는 투자자나 금융 전문가가 꽤 있다.

그들에게 "과거의 투자 경험 중 '아뿔싸' 하고 후회한 것은 무엇인가요?"라고 물으면 그들은 대개 "승부를 한 게 잘못이었다"고 털어놓곤 한다.

투자에는 '이거다 하는 시점에 크게 투자하는' 용기도 필요하다. 이것을 '승부한다'는 말로 표현하는 사람도 있다.

그러나 이 경우 그들이 말하는 '승부'는 '일확천금'을 노리고 사지 않아도 될 상품을 사거나 적정가 이상의 값을 내고 사는 것을 말한다.

그들은 '욕망'과 '투자에 실패했다는 분노'와 같은 감정을 다스리지 못해 논리를 잊고 무모한 투자를 한다.

특히 최근의 가상화폐 투자는 가격 변동률이 크다는 점에서 '승부'할 절호의 기회라고 간주하기 십상이다.

물론 일확천금을 실현하기에 딱 좋은 구조이므로 많은 사람이 그런 꿈을 꾸는 게 무리가 아닐 수도 있다.

그러나 이때 요구되는 능력은 감정 통제, 즉 '자제'와 '자기관리'다.

투자는 '대박을 내기 위해'가 아닌 '돈을 불리기 위한' 행위다.

먼저 그 목적을 잊지 않도록 하자. 여기서 "나는 얼마를 투자용으로 돌릴 수 있을까?"를 먼저 생각해두면 무모한 승부욕을 어느 정도 통제할 수 있을지도 모른다. 앞서 이야기했듯이 지출을 기록하고 일반적인 지출의 시세와 대조하면 그 금액을 계산할 수 있다.

당연하지만 감정을 통제할 수 없게 되면 사기에 쉽게 넘어간다.

우리가 운영하는 머니스쿨에서도 하마터면 가상화폐의 가짜 코인에 걸려들 뻔한 사람이 있었다.

"새로운 코인이 발행되었으니 지금 사두면 반드시 엄청난 돈을 벌 거라고 하던데요……."

그 사람은 머니스쿨에서 면담할 때 그렇게 말을 꺼냈다.

그러나 실제로는 그런 코인이 발행된다는 이야기는 없었다. 미공개 코인 사기에 걸릴 뻔했던 것이다.

우리의 설명 덕분에 그 사람은 벼랑 끝에서 목숨을 부지한 셈이 되었지만…….

"그런데 얼마나 투자하려고 했나요? 100만 엔? 200만 엔?"

"……아뇨, 3000만 엔입니다."

우리도 이 대답에는 놀랄 수밖에 없었다.

그 사람은 처가에서 2000만 엔을 빌리고 부부 공동명의 계좌에서 1000만 엔을 준비했었다고 한다. 그야말로 인생을 건 '승부'를 하려고 했던 것이다.

그런 그가 부동산 투자의 베테랑이며 성실하게 공부해서 우수한 투자 실적을 내던 '투자 모범생'이었다는 점에서 우리는 또 한 번 놀랐다.

"그럼 만약 이게 부동산 투자 건이었다면 어떻게 했을까요? 지인이 '대박이 날 만한 부동산이 있는데 투자하지 않겠냐'고 묻는다면 그 이야기만 듣고도 3000만 엔을 내겠습니까?"

우리는 그렇게 물었다.

"그렇게 할 리가 없지 않습니까."

그는 당연하다는 얼굴로 대답했다.

이처럼 지금 막 시작된 새로운 투자, 즉 가상화폐 투자에는 투자 모범생조차 이성을 잃게 만드는 무서운 힘이 있다.

한편 '승부'라는 생각을 버리고 성공한 사람의 사례도 있다.

그 사람도 우리 머니스쿨 커뮤니티의 구성원이었는데, 어떤 코인에 300만 엔을 투자해서 운 좋게도 억이 넘게 불어났다. 이른바 '오쿠리비토億り人(주식 거래나 가상화폐 등 금융 투자로 1억 엔 이상을 번 사람. ─ 옮긴이)'였다.

그리고 그는 불린 돈을 어떻게 투자하면 좋을지 상담하러 우리에게 왔다.

실은 이 사람의 자산 300만 엔은 카지노에서 딴 돈이었다. 우리는 그에게 이렇게 조언했다.

"그렇다면 자신의 '욕망', 즉 승부하고 싶은 마음을 실행하는 건이 300만 엔을 상한선으로 해두세요. 그렇게 정하고 나머지 돈은 견실한 투자를 하면 어떨까요?"

그는 회사를 경영하고 있었다. 우리는 회사에서 얻은 수입과 비슷한 금액을 투자에서 얻었을 때는 회사일로 얻는 개인의 보수를 회사에 남겨두라고 조언했다.

그렇게 하면 회사는 더욱 많은 현금을 보유하게 되어 안정적인 경영을 할 수 있다.

생각하기에 따라, 투자하는 태도에 따라 가상화폐는 적이 되기도 아군이 되기도 한다.

부디 '일확천금'을 노리지 말자.

가상화폐라는 새로운 선택지: 성공의 씨앗은 '귀찮은 것'에 있다

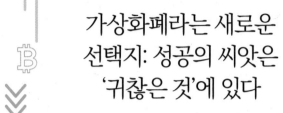

돈을 번다, 돈을 모은다, 돈을 쓴다. 이는 모든 사람이 자연스럽게 하는 일이다.

그런데 돈을 대하는 법 중 세 번째인 '돈을 불린다'는 '하는 사람만 하는' 수준이고 많은 사람은 그 개념조차 잘 모르고 있다.

그렇다. 투자는 반드시 학습을 통해서만 알 수 있다. '학습'은 본인이 직접 쓴 맛을 보고 체득하는 방법도 있고, 학교 등에서 타인의 실패를 보고 배우는 방법도 있다.

가상화폐 투자도 결국은 투자 방법 중 하나일 뿐이다. '돈을 불리

상위 1%만 알고 있는
가상화폐와 투자의 진실

기' 위한 새로운 선택지 중 하나이며 순서를 따지면 돈을 벌고 그 돈을 모은 다음에 행해야 하는 것이 맞다.

이 점을 착각하고 가상화폐를 '돈을 버는' 수단으로만 생각하는 사람이 투자를 '투기'로 만든다.

가상화폐 투자도 투자이므로 일반적인 투자 원칙에서 벗어나서 생각하는 것은 금물이다.

- 가상화폐를 '유일한 투자처'로 하지 않고 포트폴리오(분산 투자 대상) 중 일부라고 생각한다.
- 본래 하는 일로 돈을 벌고 모은 다음의 '잉여자금'으로 투자한다 (그 사람의 현금흐름 상황에 따라 다르지만 가상화폐 투자는 투자 총액의 5~15% 범위를 추천한다).

부디 이 원칙을 잊지 말기 바란다.

이것은 투자에 국한된 이야기가 아니라 모든 비즈니스에서도 같은 말을 할 수 있다. 이 세상은 '귀찮은 것'을 공부해서 실천하는 인간에게 유리하도록 이루어져 있다.

귀찮고 하기 싫은 것, 어려워서 외면하고 싶은 것을 굳이 스스로 하는 인간이 그것을 상품이나 서비스로 만들어서 가장 먼저 세상에 제공하고 돈을 얻는다.

"돈의 씨앗은 귀찮은 곳에 있다"고 생각해도 좋으리라.

어렵다고 생각하면서도 정보를 수집하여 분석하고 진위를 파악한다. 이렇게 '귀찮은' 작업을 해야 투자로 성공할 확률이 커진다.

우리의 지인인 전문 투자자는 연간 수억 엔이나 되는 이익을 내고 있는데 그는 이를 '당연한 일'이라고 말한다.

"나는 그 이익을 얻을 만한 노력을 했기 때문에 '이득을 봤다'고 생각하지 않는다."

이것이 그의 생각이다.

그에게는 그 이익이 '이득'이나 '손해'가 아닌 '노력의 산물'인 것이다.

그러면 투자를 할 때의 노력, '공부'는 어떻게 하면 좋을까?

우리 경험에 비추어 보면 무작위로 모은 100명 중 '상위 1%'가 되기란 결코 어렵지 않다.

'좋은 공부를 한다'가 50%.

'올바른 노력을 한다'가 40%.

'시의적절한 운'이나 '재능 유무'가 10%.

이것이 직장인이나 자영업자가 투자로 성공하는 '상위 1%의 힘의 균형'이다.

'좋은 공부를 한다'는 것의 예를 들자면 투자의 거장을 만나거나 수준 높은 강의를 듣는 것이다. 배움은 어떤 '사람'에게 배우느냐에 따라 큰 영향을 받는다.

'올바른 노력'은 자신의 시간을 무엇에 얼마나 할애하는가? 라는 것을 말한다. 예를 들어 "투자에 관해 공부하겠다"면서 몇 시간씩 인터넷 서핑을 한다고 하자. 그러나 초심자가 부정확한 정보가 많은 인터넷을 통해 무언가를 배우기란 어려운 일이다.

많은 사람이 "공부는 귀찮아서 못하겠어. 돈을 낼 테니 좋은 투자 정보를 알려 달라"고 요구한다. 얼핏 지름길처럼 보이겠지만 오히려 돈과 시간을 낭비하는 경우가 많다.

반대로 돌아가는 길처럼 보이지만 금융 지식을 착실히 배우는 것이야말로 최단시간에 목적지에 도착하는 방법이다.

물론 '시의적절한 운'과 '재능'은 자신이 어찌할 수 없는 일이다. 그러나 그것은 고작 10%밖에 안 되기 때문에 대세를 결정하는 요인은 아니다.

뒤집어 말하자면 설령 엄청난 재능이 있더라도 다른 90%를 제대로 실천하지 않으면 그 재능은 꽃을 피우지 못하고 스러진다는 말이다.

우리는 투자로 성공한 사람 중 '더 편해지고 싶어서' 투자하는 사람을 한 명도 본 적이 없다.

"오히려 더 힘들게 공부하고 싶다".

그런 사람이 상위 1%의 성공을 거머쥐는 것이 아닐까?

이것이 최상의
가상화폐 투자다
: 5년 뒤의 타임캡슐

그러면 이제 '이상적인 가상화폐 투자'에 대해 생각해보자.

먼저 '가상화폐는 포트폴리오 중 일부'라는 대원칙을 잊지 말자. 누구나 아는 가상화폐 투자의 특징은 '고수익·고위험High risk, high return 상품'이라는 것이다. 앞으로 어떻게 될지 아직 모르기에 이것은 어쩔 수 없는 면이다.

고수익·고위험 상품이 자신이 투자하는 상품들 중 전체 투자의

20%를 넘는다면 그것은 이미 투자가 아닌 투기, 즉 도박이나 로또와 마찬가지다.

가상화폐뿐 아니라 고수익 상품에 돈을 투자하는 경우에는 전체의 10~15% 미만 정도로만 해야 한다.

통상적으로 고수익·고위험이라는 것은 "따는 액수가 크지만 꽝일 가능성도 그만큼 크다"는 말이다. 기본적으로 이 세상에 저위험·고수익인 투자는 존재하지 않는다. 그 점을 늘 염두에 두고 투자를 검토할 때는 "만일 예상에서 벗어나도 괜찮다"는 각오를 해야 한다.

실제로는 그 사람의 자산 상태와 처한 상황에 따라 감당할 수 있는 위험 비율이 다르다. 일반적으로는 '고위험 1: 중위험 3: 저위험 6'의 비율을 기준으로 생각한다.

고위험 상품에 투자하는 것을 검토할 때는 "손실이 발생했을 때 어느 정도의 기간에 그 손실을 만회할 수 있는가"를 생각한다. 보통 1년 안에 잃은 원금을 되찾을 수 있는 비율은 대개 5% 정도로 추정된다. 따라서 통상적으로 실패해도 2년 안에 만회할 수 있다고 예상되는 10% 정도가 적당하다.

사실 세상 사람들은 대부분 한 푼도 잃기 싫어한다. 그러나 이처럼 손실도 고려하면서 투자 계획을 세울 수 있다면 일부 자금을 고위험(가상화폐) 상품에 투자하는 것도 가능하다.

여기서 소개하고 싶은 매수 방법으로는 일정한 금액을 정기적으로 매입하는 '매입원가 평균법dollar-cost averaging'이 있다.

예를 들어 매월 급여일에 정해진 금액으로 마음에 드는 가상화폐를 사는 것이다. 이른바 '가상화폐 적립'이다.

매입원가 평균법은 시장 가격이 오르락내리락하는 것과 상관없이 계속 사는 것이 원칙이다. 매월 정해진 구매일의 코인 가격이 비싸든 싸든 상관하지 않는 것이다. 투자는 중장기 운용이 기본이다. 처음에 하는 '상품 선정'이 가장 중요하며 '이 상품이라면 괜찮겠다'고 예상할 수 있어야 한다.

그렇지만 가격 변동률이 큰 지금의 가상화폐 시장에서는 아무리 초연하려고 해도 가격이 신경 쓰일 수밖에 없다. 투자 초심자는 더욱 그렇다.

가상화폐를 사면 거래소로부터 현재 가격을 알려주는 메일이 잇

달아 온다.

"우왓, 이렇게 올랐구나!"라고 생각했는데 곧이어 "어라, 떨어졌잖아" 하는 일이 지금의 가상화폐 시장에서는 일상다반사다.

"지금 비트코인이 얼마인지 신경이 쓰여서 일이 손에 잡히지 않을 때가 많아요."

그렇게 말하며 쓴웃음을 짓는 투자 초보자도 있었다.

그러나 가격 변동률에 일희일비하는 것이야말로 잘못된 자세다.

그뿐 아니라 일이 손에 잡히지 않는다면, 즉 본업이 손에 잡히지 않아서 돈을 대하는 첫 번째 법칙 '돈을 버는' 일에까지 영향을 미친다면 그 투자는 어딘가 잘못된 것이다.

"가상화폐 투자 금액이 만일 0이 되더라도 그것 때문에 내 생활에 지장이 생기거나 미래의 자산 구조에 큰 변화가 생기지는 않는다."

앞으로 시장이 어떻게 움직이는지 알 수 없는 가상화폐에 투자하려면 그런 마음가짐이 있어야 한다.

물론 가상화폐의 미래에 기대하는 것 자체는 이상한 일이 아니다.

가상화폐 같이 가격 변동률이 큰 투자 상품의 경우, '투자 시간을 길게 잡고', '싸든 비싸든 상관없이 일정한 금액을 지속적으로 매수함'으로써 '변동 폭을 어느 정도 평균치에 가깝게 하는' 효과를 활용해야 한다.

그것이 바로 "매입원가 평균법으로 정해진 금액을 정기적으로 사고 적어도 앞으로 몇 년간은 환매하지 않는다"가 아닐까 하는데 어떻게 생각하는가?

또한 그때에도 당연히 미공개 코인이나 "꼭 대박 납니다!"라고 부르짖는 상품에는 손을 대지 말아야 한다.

지금 현재 메인인 코인이라면 5년 뒤에도 현재 시가총액보다 높은 가격으로 존재할 가능성이 크지 않을까? 다만 최근 비트코인 등이 활발하게 하드포크(분기, 제4장 〈가상화폐가 '안정되는' 날〉 참조)를 반복하고 있으므로 장래에는 지금과 다른 모습이 될 가능성도 부정할 수 없다.

그러므로 투자 전체의 10% 정도를 꾸준히 기계적으로 사 모으고 5년 뒤 어떻게 될지를 기대하자. 현재의 가격 변동률에 일희일비하며 떠들지 않고 '5년 뒤의 가격'에 중점을 둔다.

이것이 최상의 투자 마인드다.

또는 매입원가 평균법을 이용해 지속적으로 구입하지는 않더라도 지금 산 코인을 그대로 묵혔다가 5년 뒤에 현금화하는 방법도 좋지 않을까?

둘 다 가상화폐를 이른바 '타임캡슐'로 활용하는 방법이다. 5년 뒤를 기대하며 기다리는 타임캡슐 말이다.

다시 한 번 이야기하지만 '돈을 불린다', 즉 투자를 검토할 때 가상화폐에 올인하는 것은 금물이다.

'자산의 분산'은 투자의 대원칙이다. 다른 투자를 하고 난 그 다음에 가상화폐 투자를 하는 것이 올바른 투자 활동이다.

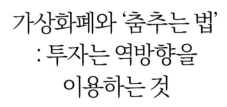

가상화폐와 '춤추는 법'
: 투자는 역방향을
이용하는 것

"가상화폐의 과열 양상에 휘둘리지 마라!"

그렇게 말하기는 쉽다. 사실 이렇게 가상화폐 투자가 활발한 상황에서는 이에 편승한 사기가 판을 치기도 하지만 올바른 금융 지식 없이 가상화폐 투자를 시작하는 사람도 많이 생긴다.

그러나 가상화폐는 단순한 '투자 대상'이 아니다.
가상화폐는 기존의 틀을 넘어선 '새로운 화폐'이며 획기적인 기술

(블록체인)로 이루어져 있다. 일반인에게 결제수단으로 보급되는 단계에 이르면 세상은 크게 바뀔 것이다.

물론 활황세를 보이는 투자 시장을 굳이 외면하라는 말은 아니다. 즉 '춤추는 법'의 문제다.

그렇다면 상황에 맞게 잘 추면 된다. 가상화폐의 향후 가능성을 고려하면서 현명하게 이용하면 되는 것이다.

예를 들어 지인이 경영하는 회사에서는 가상화폐를 이용한 '꿈이 있는' 기획을 생각했다.

경영자가 주도하여 회사 종업원 1인당 1000엔 정도를 기업연금 같은 형태로 매월 '가상화폐에 적립'하고 있다.

그리고 훗날 그 가상화폐를 현금화하여 보너스로 지급할 예정이라고 한다.

보너스 지급, 즉 현금화 시점은 2020년. 도쿄 올림픽의 '성화 점등' 순간의 환율로 계산된다고 한다.

그야말로 앞서 말한 '타임캡슐'적인 발상이다.

혹여 보너스가 상당한 액수로 부풀어 오를지도 모른다고 기대하게 될 것이다. 2020년까지는 종업원 모두가 미래의 가상화폐에 대해 희망을 갖고 일하는 셈이다.

또 정년퇴직까지 비트코인을 적립해서 퇴직하는 연도의 생일에 현금화하는, 가상화폐 퇴직금 제도가 있다면 재미있지 않을까.

투자가 아닌 본업인 비즈니스에 가상화폐를 도입하는 것도 가상화폐와 공존하는 올바른 방법 중 하나다.

2장에서 이야기했듯이 해외 비즈니스를 할 때 가상화폐를 이용하면 수수료 면에서 상당히 유리하다.

또한 점포 경영을 할 때도 가상화폐를 결제수단으로 도입하면 그 자체로 화젯거리가 될 것이다.

전작 《상위 1%만 아는 '돈의 진실'》에서는 밝은 미래를 위해서는 국가에만 기대지 않고 적극적으로 '여러 개의 일(부업)'을 하거나 회사를 설립하라(하이브리드 사분면)고 제안했다.

그렇다면 가상화폐 계좌를 개설해서 비트코인이나 리플로 결제하게 하면 그 꿈의 규모가 점점 커지지 않을까?

가상화폐 보급은 당신이 '돈을 불리는' 수단을 확장해주기 때문이다.

이는 가상화폐 투자를 투기로 간주하고 돈을 벌려고 하는 것과는 전혀 다른 방향이다.

이것이 바로 가상화폐와 '바르게 춤추는' 방법이다.

가상화폐의 미래
: 가상화폐는 벤처기업이다

올바른 '돈에 관한 지식'을 쌓을 것.

투자 원칙을 잊지 말 것.

가상화폐의 미래에 꿈을 갖고 효과적인 이용 방법을 생각할 것.

이것이 가상화폐를 대하는 기본적인 방법이며 그렇게 하면 가상화폐는 당신의 강력한 아군이 되어 줄 것이다.

앞으로 가상화폐는 어떻게 될까?

우리는 기존의 법정화폐와 '공존공영'할 것이라고 예측한다.

국가가 가상화폐의 잠재력을 가장 효과적으로 이용하려면 정부가 가상화폐 기술에 기반한 화폐를 만들면 된다. 2장에 나온 스웨덴의 예처럼 말이다.

그럴 때 가상화폐는 그야말로 '통화의 역사를 뒤집는' 존재가 될 것이다.

다만 지금은 시기상조다.

아무튼 가상화폐는 '지금 막 시작되었기 때문이다'.

우리는 이 가상화폐의 성장을 지켜보며 부화뇌동하지 않고 현명하게 가상화폐를 내 편으로 만들어야 한다.

가상화폐는 '미래의 유망한 벤처기업'과도 같다. 그리고 우리는 이 벤처기업의 주식을 산다는 감각으로 가상화폐에 투자해야 한다.

물론 가상화폐 업계에는 '비트코인'이라는 회사가 존재하지도 않거니와 발행 주체인 회사도 없다. 규칙에 찬성한 프로그래머와 마이너라고 불리는 사람들이 그 규칙을 기반으로 한 프로그램을 움직이고 있는 것뿐이다.

그러나 감각적으로는 가상화폐에 투자하는 것이 '벤처기업 주식

상위 1%만 알고 있는
가상화폐와 투자의 진실

을 조금씩 사 모으는 것'이나 마찬가지다.

예를 들어 비트코인의 시가총액은 현재(2017년 12월) 약 27조 엔에 달했다고 보도되었는데, 이는 2010년에 상장한 기업의 주식이 7년 만에 그만큼 시가총액이 오른 것에 비유할 수 있다.

한 대기업의 시가총액 정도. 이것이 현재 비트코인의 시장 규모다. 현재 세계 1위 회사인 애플사의 시가총액이 약 100조 엔인 것을 감안한다면 비트코인의 시장 규모가 어느 정도인지 감을 잡을 수 있으리라.

어디서 굴러온 돌인지 알 수 없는, 뜬구름 같은 IT계 벤처기업이 7년 만에 대기업으로 성장한 것과 같다.

다만 모든 벤처기업이 계속 성장하리라는 보장은 없다.

새로운 가상화폐가 잇달아 등장하고 있으며 현재 그 수는 수천 개 이상이라고 한다. 그러나 어떤 업계든 그 업계의 규모가 있다. '가상화폐 업계'에 그렇게 많은 코인은 필요 없으리라. 다시 말해 필연적으로 많은 코인이 치열한 경쟁을 거쳐 도태될 거라는 이야기다.

우리가 "아무것도 모르는 초보자는 비트코인, 이더리움, 리플 외의 코인에는 손대지 않는 것이 좋다"고 조언하는 것도 그 때문이다.

가상화폐에 투자한다. 그것은 다시 말해 그 가상화폐의 잠재력과 미래를 믿는다는 뜻이다. 그러려면 그 나름의 근거가 있어야 한다.

여기서 가장 중요한 것은 '올바른 투자 마인드를 갖는 것'과 '진실을 아는 것'이다. 즉 가상화폐의 이점과 단점을 파악한 뒤 투자 여부를 최종적으로 판단하라는 말이다.

다음 장에서는 가상화폐의 '진실'을 알기 위해 가상화폐의 부정적인 측면을 다루겠다.

제4장

가상화폐에 숨겨진 불안 요소

The Truth of Cryptocurrency
and Investments

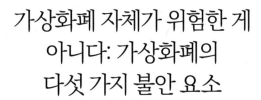

가상화폐 자체가 위험한 게 아니다: 가상화폐의 다섯 가지 불안 요소

최근 여러 미디어에서 연일 가상화폐를 화젯거리로 삼고 있다.

이럴 때는 당연히 가상화폐의 매력적인 점은 잘 다루지 않는다.

"지금은 '가상화폐 거품기'이며 그 이면에는 여러 가지 문제가 발생하고 있다."

"가상화폐 투자로 큰 손해를 본 사람이 있다."

"법 규제가 미비해서 사용자가 혼란스러워 한다."

등등 일각에서는 가상화폐가 '문제아' 취급당한다.

처음 일본에서 가상화폐라는 존재가 일반인에게 널리 알려진 계기도 '사건' 때문이었다.

2014년 2월에 일어난 마운트곡스 사건이다.

당시 세계 최대 규모인 비트코인 거래소 마운트곡스는 해킹으로 85만 BTC(당시 약 45억 달러)를 도난당해 파산했다.

이 사건으로 인해 가상화폐에 '수상쩍다', '위험하다'는 이미지가 붙은 것은 두말할 것도 없다.

또 2016년 8월에는 홍콩의 비트코인 거래소인 비트피넥스가 해킹 공격을 받아 12만 BTC가 도난당했다.

또 2017년 8월에는 비트코인 거래가 급증하면서 시스템이 바뀌어 비트코인이 둘로 쪼개지는(분기, 하드포크) 사태가 발생했다(뒤에서 상세하게 설명하기로 한다).

또한 일부 악덕업자가 '사기'와 유사한 가상화폐 투자를 권유하는 일도 빈번하게 일어났다.

그러나 제2장에서 이야기했듯이 블록체인 자체는 위조가 거의 불가능한 구조로 이루어져 있다.

그러므로 우리는 가상화폐가 아닌 그것을 둘러싼 '환경'이 위험하다고 생각한다. 여기서 말하는 환경은 법률 정비, 난립하는 가상화폐 거래소, 비즈니스로써 가상화폐를 다루는 사람들 등 다양하다.

하지만 환경은 차츰 갖춰질 것이다.

2018년에도 가상화폐는 일반인에게는 여전히 '잘 알 수 없는 것'이리라.

그러나 향후 법률이 정비되고 애매모호한 내용이 명확해지며 편리한 서비스가 새로 창출된다면 가상화폐는 언젠가 시민권을 얻게 될 것이다. 그것은 확실하다.

그렇다면 현재 가상화폐의 '불안 요소'는 무엇이 있을까?

우리는 다음 다섯 가지를 가상화폐의 불안 요소로 꼽는다.

- IT 관련 지식 결여
- 가상화폐 관리 방법
- 가상화폐 거래소에 관한 위험
- 가격 변동
- 세금 확정신고

이 다섯 가지뿐 아니라 실은 '사기'라는 불안 요소도 있지만 그것은 뒤에 찬찬히 이야기하겠다.

그러면 먼저 다섯 가지 불안 요소부터 자세히 살펴보자.

IT 관련 지식에 관한 불안
: 다가오는 것은 내가 아니라 '그쪽'이다

"인터넷으로 조작하기만 하면 된다."

높은 편의성은 가상화폐의 큰 특징이자 큰 불안 요소이기도 하다.

블록체인 기술에 관해 아무리 설명을 들어도 "솔직히 아직 뭐가 뭔지 잘 모르겠다"는 게 일반인의 느낌이 아닐까?

"나는 인터넷이나 IT에 관해 잘 모르니까 가상화폐를 사용할 엄두가 나지 않아."

많은 사람이 그렇게 생각할 것이다.

그렇다면 앞으로 닥칠 가상화폐 보급에 대비하기 위해 우리는 무엇을 하면 될까?

이런 불안을 해소하기 위해 IT 관련 지식을 더 쌓는 공부를 해야 할까?

물론 공부는 하지 않는 것보다 하는 것이 좋겠지만 현대인은 그러지 않아도 매일 해야 할 일에 쫓기는 하루를 보낸다. 투자하기 위해 금융 지식을 공부하고 투자의 구조도 배우고 투자 상품에 관한 것도 배우고…… 거기에 더해 IT 지식도 배워야 할까?

그에 대한 우리의 의견은 "굳이 IT의 원리까지 알아야 할 필요는 없다"는 것이다.

이것은 인터넷 보급 과정을 생각하면 잘 알 수 있다.

지금으로부터 약 20년 전 일반인에게 보급되기 시작했을 무렵의 인터넷은 일부 컴퓨터 마니아나 전문가들만 이해할 수 있는 수준이었다. 그 뒤 일반 가정으로 보급되었을 때도 프로바이더가 어쩌구 회선이 저쩌구 하며 아직 누구나 쉽게 쓸 수 있는 수준은 아니었다.

그러나 지금, 인터넷은 어린아이부터 고령자에 이르기까지 모든 사람들이 쉽게 사용할 수 있다. 컴퓨터가 없어도 스마트폰을 터치하기만 하면 누구나 인터넷을 이용할 수 있어서 이제는 우리 생활에 없으면 안 되는 존재가 되었다.

인터넷의 보급 과정에서 우리는 열심히 IT 관련 지식을 쌓으려고 했는가? 그렇지 않았다.

인터넷이 점점 사용자친화적, 즉 '사용하기 쉬운 것'으로 바뀌었다. 그쪽이 우리에게 '다가온' 것이다.

현재 가상화폐도 인터넷 보급이 시작되었을 무렵과 같은 상황이다.

'굉장히 편리할 것 같지만' 전문적인 색채가 강해서 시도하기가 좀 어렵다는 느낌이다.

그러나 이 '걸림돌'은 앞으로 확실하게 낮아질 것이다. 현재도 스마트폰으로 비트코인을 매매하는 경우만 보면, 전문적인 IT 지식이 없어도 전용 소프트웨어를 이용해 아주 쉽게 거래할 수 있다. 앞으로는 점점 더 편리해지리라.

그러므로 "가상화폐는 고도의 IT 기술에 의해 뒷받침된 금융수단이므로 IT 지식이 없는 나는 못 할 거야"라는 생각은 기우에 불과하다.

그렇다면 왜 가상화폐도 언젠가는 그쪽에서 다가오리라고 예측하는 것일까?

그것은 앞서 말했듯이 앞으로는 '환경이 갖추어질 것'이기 때문이다.

앞에서 2017년 4월, 금융청의 주도하에 거래소를 등록제로 하는 등 여러 항목을 집어넣은 '개정 자금결제법(통칭: 가상화폐법)'이 시행되었다고 언급했다. 국가가 가상화폐를 결제수단으로 해석하고 법률 정비에 나선 것이다.

그러자 가상화폐 거래소가 TV 광고나 인터넷 광고를 대대적으로 하기 시작했다. '환경'이 변한 셈이다.

법률이 회색지대에서 흰색으로 바뀌어가고 있다. 앞으로는 시중의 메가뱅크가 가상화폐 업계에 본격적으로 진출하여 혼전과 혼란을 거듭하며 당분간 유동적인 상태가 이어질 것이다. 사용자를 먼저 확보하려는 치열한 경쟁이 시작되리라.

또한 법적 정비가 진행되면서 각 기업도 결제수단으로 가상화폐를 이용하게 될 것이다. 특히 해외 비즈니스를 전개하는 기업은 훨씬 빨리 그 흐름을 탈 것이다.

그렇게 되면 거래소를 비롯한 가상화폐 업자도 자신이 선택되기 위해 기업에 대한 서비스와 사용편의성을 높일 수밖에 없다.

예를 들어 2020년에 열릴 도쿄 올림픽을 앞두고 한참 주목받고 있는 업종인 에어비앤비를 보자.

왜 대기업이 그 시스템에 참여하지 않고 있는가 하면 그것은 아직 법적 정비가 충분하지 않기 때문이다. 에어비앤비는 현재는 여관업법상으로는 회색지대에 속하므로 법령을 준수할 수 없다.

즉 법적 환경이 정비된다면 기업은 적극적으로 사용자편의성을 키울 것이다. 그러면 사용자도 쉽고 편하게 가상화폐를 이용할 수 있다.

이윽고 누구나 안심하고 손쉽게 가상화폐를 이용할 수 있는 날이 올 것이다.

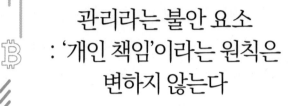

관리라는 불안 요소
: '개인 책임'이라는 원칙은 변하지 않는다

법률이 정비되고는 있지만 가상화폐는 기본적으로 '사용자의 자기관리'가 중요한 분야다.

자신이 소유한 가상화폐(여기서는 비트코인을 예로 들겠다)를 보관하는 방법으로 크게 두 가지가 있다.

하나는 외장하드나 USB 메모리에 보관하는 것. 또는 종이에 인쇄하여 보관할 수도 있다. 이것을 '콜드 월렛'이라고 한다. 오프라인이므로 해킹이나 바이러스 등의 피해를 입을 가능성이 비교적 적다. 그러나 만약 이것을 잃어버리면 끝이므로 분실 위험이 있다. 즉

'현금이 든 지갑'과 마찬가지다.

만약 은행 통장이나 카드를 잃어버려도 누군가가 그것을 이용해 예금을 인출, 즉 도난당하지 않는 한 통장에 인지된 현금이 없어지지는 않는다. 은행에 전화를 하거나 창구에 가서 재발급 받으면 된다(물론 분실했을 때 당황하긴 하지만).

그러나 가상화폐의 콜드 월렛은 그 방법이 통하지 않는다.

"ID/비밀번호를 잊어버렸다" 정도면 그래도 복구할 수 있겠지만 "돈이 든 지갑을 잃어버렸어요", "다시 원래대로 해 주세요"라고 하는 것은 불가능하다. 사실 전화하거나 찾아갈 곳 자체가 없다.

또 하나의 관리 방법은 예를 들어 비트코인을 거래소에 그대로 두고 수치만 확인하는 방법이다. 이렇게 인터넷에 연결된 상태에서 하는 관리를 '핫 월렛'이라고 한다.

이 경우 두려운 것은 분실보다 인터넷에 연결되어 있는 까닭에 해킹당할 위험이나 거래소 자체에 위험이 있다는 점이다.

투자는 자기관리가 기본인 이상 어느 방법이든 위험이 따르며 어느 쪽이 더 좋다고 단언할 수는 없다. 물론 가상화폐 분야에만 적용되는 이야기는 아니다.

당연한 일이지만 ID와 비밀번호는 항상 도용될 위험이 있다.

실제로 일본의 대형 시중 은행의 시스템조차 ID와 비밀번호가 해킹당해 현금을 도난당하기도 한다. 온라인상의 보안 기술력을 지금보다 더 높이기는 어려울지도 모른다.

그렇다면 앞으로 정비될 법규에 따라 가상화폐의 관리 및 자기 관리가 극적으로 변할 것인가 하면 그렇지는 않을 것이다.

마이넘버(국가가 국민에게 번호를 부여하여 개인의 소득이나 연금, 납세 등의 정보를 하나의 번호에 엮어 관리하는 목적으로 만들어진 개인식별번호를 말한다. - 옮긴이) 도입에 일본 국민이 격렬하게 반대하는 상황에서 국가가 "당신의 가상화폐를 여기에 보관하시오", "ID와 비밀번호를 국가에 제출하시오"라고 요구할 수는 없다. 가상화폐 관리에 법률이 개입하는 것은 생각하기 어렵다는 뜻이다.

관리 체제가 변할 가능성이 있다면, 가상화폐 거래소는 얼마나 안전하게 시스템을 정비할 수 있을까. 앞서 말했듯이 마을에 가상화폐 거래소 창구가 설치되거나 추가 서비스 중 하나로써 좀 더 면밀한 관리를 하는 것은 가능할지도 모른다.

그러나 당연히 그렇게 되면 가상화폐 수수료가 증가해 매력이 줄어들 수 있다.

"가상화폐 관리는 개인의 책임".

이것이 이 분야의 기본 원칙임을 명심하자.

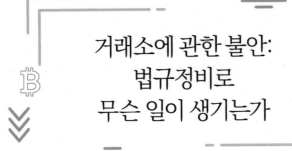

거래소에 관한 불안: 법규정비로 무슨 일이 생기는가

예를 들어 은행에는 지점이 있고 창구가 있다. 창구에는 창구 담당자가 있어서 사정을 이야기하면 문제를 해결해준다.

주식 투자도 마찬가지로 증권사가 실재하는 '장소'가 있다. 곤란한 일이 생기면 전화를 하거나 방문해서 담당자와 이야기하면 된다.

그런데 가상화폐는 어떤가? 기본적으로 관리 주체가 없다. "무슨 일이 생겼을 때 누구에게 이야기하면 되는가?"라는 불안이 늘 따라붙는다.

일반적으로 가상화폐는 '거래소'에서 매매한다. 일본에도 여러 거래소가 있으며 TV 광고를 하는 곳도 있다.

그러나 이 거래소는 이른바 '인터넷상의 존재'다. 실제로 접촉할 수도 없고 예를 들어 문의 전화조차 할 수 없는 곳이 대부분이다. '인터넷상으로 모든 것을 할 수 있다'는 장점은 뒤집어보면 '인터넷 외에는 업자와 접촉할 수 없다'는 단점도 있다는 말이다.

앞으로 환경이 정비되면 마을에 담당자가 있는 '가상화폐 거래소 창구' 같은 것이 생길지도 모르지만 현재는 그런 상황이 아니다. 중요한 자산을 매매하기 위한 기관, 즉 회사가 '눈에 보이지 않는다'는 것에 대한 불안은 상당하다.

제1장에서 가상화폐 거래소에는 파산 위험이 항상 따라붙는다고 했는데 문제는 그뿐만이 아니다.

예를 들어 2017년 5월, 일본의 모 대형 거래소에서 시스템 장애가 일어나 가상화폐의 매매가가 잘못된 수치로 산출되는 문제가 발생했다. 당시 20만 엔 전후의 환율이었던 비트코인에 100만 엔 가까운 가격이 표시되었던 것이다.

버그는 신속하게 수정되어 잘못된 가격이 표시된 시간은 겨우

10분이었지만 그 거래소는 그 사실을 '없었던 일'로 하고 장을 재개했다. 즉, 그동안 이루어졌던 거래 자체를 무효화(되돌린 것)한 것이었다.

가격이 잘못되어 있었으므로 그 일을 '없었던 것'으로 했다. 이는 물론 주식 거래 등의 통상적인 거래에서는 상상할 수도 없는 일이며 결코 있어서는 안 되는 일이다. 그러나 안타깝게도 환경 정비가 불충분한 가상화폐 거래소에는 이런 사태가 실제로 일어났다.

시장에서 한 번 일어난 일을 없었던 일로 한다는 것은 그 시장 자체의 신용과 관련되는 일이다.

그러나 이 건은 거래소라는 이른바 '개인 상점의 단순 실수'로 마무리되었고, '시장을 뒤흔드는 큰 사건'으로는 커지지 않았다.

이 사건에서는 가격이 잘못 표시된 원인이 버그라고 발표되었지만, 혹시 비트피넥스처럼 해킹되었을 가능성도 무시할 수 없다. 또는 마운트곡스 사건에서처럼 의심받는 '내부자 범행'이었을 수도 있다.

이 외에도 거래소에 관한 실로 무시무시한 위험이 있다.

그것은 '거래소 자체가 철수할' 위험이다.

예를 들어 2017년 6월말, 홍콩의 한 거래소가 일본에서 철수했다. 일본인 사용자의 계좌를 전부 삭제한 것이다. 거래소 철수에 관해 사용자에게 예고한 기간은 겨우 1개월이었기에 사용자들은 갑작스러운 통보에 당황할 수밖에 없었다.

철수하는 이유는 "일본의 (가상화폐에 대한) 규제가 심해졌으므로 우리는 더 이상 대응할 수 없다"는 것이었다.

그 거래소는 단 한 통의 메일만을 남기고 사용자의 의견도 들어보지 않은 채로 철수했다. 만약 사용자가 그 메일을 보지 못했거나 스마트폰이나 컴퓨터를 사용할 수 없는 상황이었다면, 또는 스팸메일함에 그 메일이 들어가버렸다면……. 모르는 사이 자신의 자산이 동결될 수도 있었다는 말이다.

버그나 해킹 위험, 내부자 범죄 위험, 철수 위험 등 이렇게만 보면 거래소에는 위험이 가득한 것처럼 보인다.

그러므로 가상화폐를 시작할 때는 거래소를 선택하는 데 신중해야 한다.

이것은 FX마진거래(외환 증거금 거래)의 역사와 유사한 움직임이 아닐까?

FX마진거래는 1989년 외환법 개정(환전 자유화)에 의해 탄생했다. 당초에는 상품 선물업자가 주로 진출했지만 규제가 없었던 탓에 악질적인 업자가 증가하면서 고객과의 문제가 급증했다.

그에 따라 2005년에 금융선물거래법이 개정되어 FX업자의 등록제 및 예치금 분별 관리 등이 의무화되었다.

FX업계의 역사를 보면 분별 관리 등 의무화가 도입될 때까지는 고객의 자금을 갖고 도피하는 소동이 일어났었고, 의무화된 다음에는 규제에 따른 운영이 되지 않아 합병되는 일도 있었다. 지금은 사람들이 FX 회사에 돈(증거금)을 예치하고 거래하고 있어서 회사가 없어지는 사태는 더 이상 일어나지 않고 있다.

앞 장의 〈관리라는 불안 요소〉에서 가상화폐를 보관하는 방법으로 오프라인 보관과 온라인 보관이 있다고 이야기했다.

실은 거래소 보관은 지금까지는 기본적으로 온라인으로 이루어졌지만, 최근에는 보안 확보를 위해 고객의 가상화폐를 오프라인에 보관하는 거래소도 나타났다.

당연히 이렇게 하면 장점도 있지만 단점도 존재한다. 고객의 가상화폐를 오프라인으로 보관할 때의 장점은 오프라인으로 외부 통신을 차단하기 때문에 해킹당할 확률이 상당히 적어진다는 것이다.

단점은 오프라인으로 할 경우 자동화되는 부분이 축소되기 때문에 거래소 담당이 수동으로 매매 주문을 해야 해서 실시간으로 할 수 없다는 점이다.

지금 가장 우려되는 것은 '하드포크를 핑계 삼은 사기'다.

거래소는 각기 하드포크(분기)된 코인을 취급할지 말지를 판단한다. 기본적으로 악의가 있는 하드포크가 이루어진 경우에는 사용자의 불이익과 직결되므로 안전성이 확인될 때까지는 그 코인을 취급하지 않는다.

하지만 그렇더라도 사용자를 확보하기 위해 "우리 거래소에서는 (하드포크로 새롭게 생긴) 코인을 취급합니다"라고 하는 거래소가 나타날 수도 있다.

그렇게 되면 고객은 당연히 코인을 취급해주는 거래소로 흘러들어가기 마련이다. 그러나 그런 경우 새로운 코인을 취급하는 척하는 사기가 출몰할 가능성이 충분히 있다.

이 책을 읽는 당신은 그런 사기에 걸려들지 않도록 반드시 주의하기 바란다.

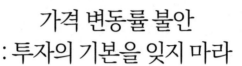

가격 변동률 불안
: 투자의 기본을 잊지 마라

투자 대상으로써 가상화폐를 보았을 경우, 누구나 느끼는 것이 가격 변동률이 크다는 점이다. 기본적으로 관리 주체라고 부를 수 있는 존재가 없고 거래가 곧바로 가격에 반영되며 하한가가 존재하지 않는 현재의 가상화폐는 가격 변동성이 크다.

예를 들어 비트코인을 보자. 비트코인의 가격 차트는 대형 거래소를 비롯한 여러 사이트에서 언제든지 확인할 수 있다. 이것을 5년 정도 사이클로 보았을 경우, 비트코인의 가격은 '불을 보듯 빤하게'

큰 폭으로 오르고 있음을 알 수 있다.

그러나 사이클을 1개월이나 1주일, 1일, 이런 식으로 짧게 가져가 보면…… 가격이 극심하게 널뛰는 양상을 볼 수 있다.

바닥을 쳤다 싶으면 갑자기 널을 뛴다. 정말 대단한 업계다.

가상화폐 투자를 경험한 사람은 대부분 이 극심한 가격 변동률에 일희일비한다.

내 지인 중 이더리움을 7000만 엔 정도 산 사람이 있다. 결과적으로 가격이 올랐고 팔았을 때는 이익도 났지만 그 사람은 당시 하루하루가 심장이 터질 것 같았다고 한다. 한때 이더리움이 끝없이 추락하는 양상을 보였을 때는 "살아도 사는 게 아니었다"고도 했다.

당시 이더리움의 시장 규모를 생각하면 7000만 엔은 이더리움 시장의 0.5% 정도였다. 이것을 한 사람이 갖고 있었다는 것도 잘 생각해보면 엄청난 일이다.

일본에서는 단숨에 가격이 떨어지는 것을 투자용어로 나이아가라 폭포에 빗대어 '가라'라고 부른다. 비트코인의 경우 하루에 30% 폭락한 예도 있다.

그러나 가격 변동률이 크다는 것은 급등할 수도 있다는 것을 의

미한다. 이것은 투자용어로 '고투더문GO-TO-THE-MOON'이라고 하는데 차트가 우상향을 그리다 못해 달을 향하듯이 일직선으로 올라간다는 뜻이다.

또 최근 인터넷상의 가상화폐 업계에서 유행하는 말로 '오쿠리비토'가 있다. 언론 매체에서도 다룬 적이 있기 때문에 이 책을 읽는 여러분도 한 번쯤 들어본 적이 있으리라.

오쿠리비토億リ人는 말 그대로 (가상화폐) 투자로 1억 엔을 달성한 사람, 억을 번 사람을 말한다. 이렇게 꿈같은 이야기, 다른 투자 분야에서는 일어나지 않을 듯한 일이 실제로 단기간에 일어나는 것이 가상화폐 투자의 현실이기도 하다.

이런 이야기를 듣고 "우와아!", "대박 나겠는데!"라면서 가상화폐 투자를 투자가 아닌 '투기'로 접근한다면 가상화폐는 어떤 의미에서 가장 우리 생활에 근접해 있는 카지노라고 생각할 수도 있다.

도박이기 때문에 가격이 떨어지면 손실을 되찾아야 한다며 초조해 하고 가격이 오르면 오르는 대로 지금이 기회라면서 더 많은 돈을 쏟아 붓는 행동을 하는 것이다. 이렇게 가격 변동률이 크다는 것은 매일 폭락 위기에 노출되어 있다는 말이기도 하다. 그러므로 가상화폐로 '승부하는' 것은 절대 권할 수 없다.

모르면 손해 보는 세금 이야기: 당신의 정보는 세무서가 훤히 알고 있다?

2017년 9월에 일본 국세청이 발표한 세무 상담 자동응답 시스템에 따르면 비트코인으로 얻은 이익을 '잡소득'으로 분류하여 세금을 부과할 수 있음이 명확해졌다.*

2017년 12월에는 국세청에서 〈가상화폐에 관한 소득 계산 방법 등에 관하여(정보)〉라는 제목으로 금후 가상화폐 거래소를 운영할

---

* 한국의 경우 2018년 9월 현재 가상화폐 관련 법안이 확정되지 않아 별다른 과세가 이루어지지 않고 있다.

상위 1%만 알고 있는
가상화폐와 투자의 진실

때 예상되는 거래 계산 방법을 명기한 질의응답이 발표되었다.

이로써 그때까지 불분명했던 가상화폐의 세법상 취급에 관해 일단 정답이 제시되었다. 이 발표에서 가장 중요한 것은 다음 두 가지일 것이다.

① '가상화폐 → 다른 가상화폐'로 환전할 때도 세금이 부과된다
② 가상화폐를 사용한 물품 구입 시에도 과세된다

가상화폐가 '이익확정을 한 시점에 과세된다'는 것은 제1장에서 말한 바 있지만 이제는 ①과 ②도 이익확정이라고 간주된다고 국세청에서 발표한 것이다.

원래 일본의 소득세법상으로는 그 성질에 따라 소득을 10종류로 구분한다. 예를 들어 이자소득, 부동산소득, 급여소득, 사업소득 등이다.

가상화폐가 해당되는 잡소득은 '다른 9종류의 소득 중 어느 것에도 해당하지 않는 소득'이라는 의미이며, 일례를 들면 공적연금, 비영업용 대출금의 이자나 본업 외로 받은 사례비나 인세, 강연료,

사업 신고를 하지 않은 부업에 의한 수입 등이 그에 해당한다.

소득세의 세율은 분리과세에 대한 것을 제외하면 2015년분 이후에 관해서는 5%에서 45%까지 7단계로 나뉜다(2007년부터 2014년분까지는 5%에서 40%까지 6단계).

여기서 참고로 잡소득에 부과되는 세율을 알아보자.

일본은 그 사람이 지불하는 보험료, 주민세 등 소득이 오르면 그와 관련하여 함께 세율이 오르는 것이 몇 가지 있다. 그러므로 가상화폐로 이익이 났다고 해서 아무 생각 없이 현금화하면 나중에 큰일이 날 수도 있다.

현재는 가상화폐로 생긴 이익은 확정신고를 해서 납세하는 자기신고제로 되어 있다. 이것을 몰라서 별 생각 없이 현금화해서 신고하지 않고 그대로 있는 사람도 개중에는 있으리라.

그러나 당연히 이것은 명백한 '탈세'다.

이처럼 '세금에 관해 잘 몰라서, 또는 신경 쓰지 않아서' 결과적으로 저도 모르게 탈세를 한 경우도 있을 것이다.

참고로 잡소득 계산 방법은 종합과세 방식에 따른다. 종합과세는 각종 소득금액을 합산하여 소득세액을 계산하는 방법이다. 다만 급여소득자이고 잡소득의 합계소득이 20만 엔 이하인 경우에는 확정신고를 할 필요가 없다. 잡소득의 계산 방법을 간단하게 말하면 다음과 같다.

(총수입금액 − 필요경비) + 공적연금 등의 잡소득 = 잡소득

'총수입'에는 가상화폐 외의 제휴 마케팅 수수료나 인터넷 옥션 등으로 얻은 이익도 포함되는 것에 주의하자. 금융청과 세무당국과의 연계는 향후 더욱 강화될 것이 예상되므로 불필요한 혐의가 씌워지지 않도록 빈틈없이 설정되어 있다.

"말하지 않으면 모르겠지"라고 생각하는 사람도 있겠지만 말하지 않아도 거래소와의 관계가 훤히 들여다보인다는 것을 잊지 말자.

이 책을 읽는 사람들 중 상당수가 "가상화폐를 구입해서 자산이 몇 배로 늘어나는 것은 좋지만 이것을 어떻게 하면 좋을까?"라고 고민하고 있지는 않을까? 우리는 '1년에 한 번, 포트폴리오를 점검하는 시점에 늘어난 금액을 안전자산으로 옮길 것'을 권한다.

지금까지 이야기한 대로 가상화폐는 현시점에서는 고위험 투자다. 대박 날 가능성도 있지만 쪽박 날 가능성도 있다. 그러므로 일단은 평생 필요한 자금을 확보해야 한다.

설령 가상화폐에 과세되는 세금이 많아도 이익이 많을수록 세후 이익도 늘어난다. 따라서 먼저 필요자금을 확보한 뒤 나머지 자금 일부를 다시 한 번 위험도가 높은 상품에 투자해도 좋고, 세율이

소득세 속산표(2015년분 이후)	
과세된 소득 금액	세율
195만 엔 이하	5%
195만 엔 이상 330만 엔 이하	10%
330만 엔 이상 695만 엔 이하	20%
695만 엔 이상 900만 엔 이하	23%
900만 엔 이상 1,800만 엔 이하	33%
1,800만 엔 이상 4,000만 엔 이하	40%
4,000만 엔 이상	45%
저축(저축성이 있는 투자 포함)	20~30%

주: 예를 들어 '과세된 소득금액'이 700만 엔인 경우, 다음과 같이 세액을 계산한다.
　　700만 엔 × 0.23 − 63만 6000엔 = 97만 4000엔
※ 2015년부터 2037년까지 각 연도분의 확정신고에서는 소득세와 부흥특별소득세(원칙적으로 당해 기준소득세액의 2.1%)를 합하여 신고·납부한다.

출처: 일본 국세청 홈페이지

상위 1%만 알고 있는
가상화폐와 투자의 진실

더 낮고 위험도 낮은 상품에 투자해도 좋다(자세한 내용은 3장 참조).

부디 손실에 대한 공포보다 미래를 향한 가능성에 눈을 돌리기를 바란다.

가상화폐가 '안정되는' 날
: 일반화되는 시점은?

가상화폐는 이런 것이다.

실제로는 그렇게 똑 부러지게 정의하지 못할 정도로 가상화폐 업계는 지금 유동적이다.

가상화폐는 어딘지 좀 믿을 수 없다고 생각하는 사람은 이런 가상화폐의 '불안정성'에 초점을 맞추는 경우가 많으리라.

인터넷이나 신문, 잡지에서는 가상화폐에 관한 새로운 기사가 연일 보도된다.

최근 종종 화제가 되는 것은 "비트코인이 하드포크를 하여 분리되었", "비트코인을 갖고 있던 사람이 동일한 분량의 새로운 코인을 거래소에서 받았다"는 뉴스가 아닐까?

앞서 〈거래소에 관한 불안〉에서도 "앞으로 발생할 하드포크를 핑계 삼는 사기에 주의하라"고 경고했는데 대체 하드포크란 무엇일까?

포크는 '분기(분열)'라는 의미다. '하드'가 있으니 당연히 '소프트'도 존재한다.

일반적으로 하드포크는 신구 시스템 사이에 호환성이 없는 분기를 말하며 대표적인 것으로 2017년 8월에 행해진 비트코인과 비트코인캐시의 분기를 들 수 있다.

인터넷으로 가상화폐의 시가총액 순위를 찾아보면 비트코인과 비트코인캐시가 별도로 표시되어 있는 것을 알 수 있다. 즉 두 가지는 각각 독립된 다른 코인이 되었다는 말이다

그에 비해 소프트포크는 시스템 개혁 등으로 일시적으로 분기하는 것을 말한다. 소프트포크는 주로 시스템 버전업을 목적으로 이루어진다.

사실 그렇지 않더라도 비트코인은 종종 분기가 일어났다.

이론상으로 비트코인 거래를 기록하는 블록체인은 항상 앞 거래의 해시를 추가하면서 다음 블록이 생성되어 하나의 선상에서 이어진다.

그런데 드물게 동시에 계산 결과가 나와서 하나의 블록에서 두 개의 블록이 생성되어 분기되는 경우가 있다. 또는 소프트포크에 따른 분기나 해킹 공격에 따른 분기도 생각할 수 있다.

이 경우에는 어떻게 되느냐 하면 비트코인에는 '분기했을 경우, 체인이 긴 쪽이 올바르다'라는 규정이 있다. '시스템에 위해를 가하는 자는 소수'라는 생각이 기반이므로 '길다 = 참여자가 많다 = 옳다'고 인식되는 것이다. 그러므로 짧은 쪽의 체인은 결국 생성이 중지된다.

그런데 최근 하드포크가 빈번하게 발생하는 이유는 무엇일까? 물론 가상화폐 사용자가 급증하면서 신속하게 대응하기 위해 버전 업한다는 의미가 있긴 하다.

요즘에는 시스템 참여자 간의 분쟁으로 인한 분열 사태도 눈에 띈다.

예전에는 가상화폐 이념에 공감해서 참여했는데 돈 문제가 얽히자 자신의 이익을 추구하는 사람이 늘어난 것도 현실이다.

그러므로 우리는 "이 거래소를 이용하는 사용자에게는 하드포크로 생성되는 새로운 코인을 드립니다"와 같은 권유에 따라 거래소를 선택하지 말라고 조언한다.

원래 타인에게 무료로 배부하는 코인에 진짜 가치가 있는지가 의문이고, 보안상으로도 문제가 있을 경우 거래소가 짊어질 수 있는 책임의 범위를 크게 넘어서기 때문이다. 만일 거래소에서 배부한 코인을 사용자들이 한꺼번에 환금한다면 자금 부족에 빠져 그 거래소가 파산할 가능성도 있다. 거래소가 파산할 위험이 커지면 최종적으로는 사용자가 위험해진다. 새로운 코인을 무상으로 배부하는 것은 사용자를 확보하기 위해서라고 말하지만 파산 리스크를 크게 키우는 행위다.

그러면 이런 가상화폐가 안정되는 날, '앞으로 어떻게 될지 모르는' 상태가 아닌 날은 언제 찾아올까?

물론 '앞으로 몇 년 뒤'라고 확실하게 말할 수는 없다.

그러나 가상화폐가 일반적인 결제에도 쓰이게 되었을 때 비로소

'가상화폐가 보급되었다'고 할 수 있지 않을까?

가상화폐가 신용카드와 동일하게 쓰이는 것이 하나의 지표가 될지도 모른다.

누구나 스마트폰 속에 비트코인을 갖고 다니며 쇼핑을 할 때 가볍게 쓸 수 있는 시대가 되면 가상화폐도 지금의 법정화폐와 동일한 지위를 갖게 될 것이다.

그리고 그것은 그리 먼 미래는 아닐 것이다.

제5장

가상화폐에 몰리는
수상쩍은 의도들

The Truth of Cryptocurrency
and Investments

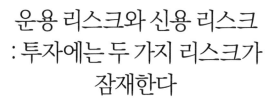

운용 리스크와 신용 리스크
: 투자에는 두 가지 리스크가
잠재한다

제4장에서 가상화폐에 수반된 여러 불안 요인을 이야기했다. 불안 요인은 '신경이 쓰이거나 걱정스러운'이라는 뜻이다.

이것을 일반적으로 '리스크risk'라고 부르는데, 실제로 리스크는 반드시 '위험'만을 가리키지는 않는다. 특히 투자에서 '리스크와 리턴은 쌍을 이루는 것'이 보통이다.

예를 들어 가상화폐는 하이리스크·하이리턴의 대표적인 상품이라고 했다. "쪽박 날 가능성도 크지만 대박 날 가능성도 크다."

따라서 리스크는 '위험'이라기보다 '불확정 요소'라고 하는 편이 적합할 수도 있다.

그런데 투자 리스크는 두 종류로 세분화할 수 있다. 바로 신용 리스크와 운용 리스크다.

간단히 말하자면 신용 리스크는 '운영자 리스크'를 말하며 운용 리스크는 '상품 자체가 갖고 있는 리스크'를 가리킨다.

신용 리스크는 순조롭게 운용할 수 있는지 묻기에 앞서 자금을 예치하는 곳으로서 신뢰할 수 있는지에 집중한다.

상대방의 '신용 리스크가 크다'는 것은 '악의가 있을 가능성이 크다'는 것이지만 악의가 없어도 미비한 구조로 말미암아 회사나 투자 안건이 엎어지는 경우도 생각할 수 있다.

일반적으로 투자 상품에는 보통 운용자(위탁자), 자금 관리자(수탁자), 상품 판매자라는 삼자가 관여한다. 그러므로 이 삼자를 모두 신용할 수 있고 운용과 자금 관리가 분할·보전되어 있는 것이 최소한의 투자 조건이다.

운용 리스크는 말 그대로 상품 운용이 순조롭게 되지 않을 가능성을 말한다.

통상적으로 판매자가 사기꾼이면 대부분 그 상품도 사기인 경우가 일반적이다. 그렇다면 반대로 판매자가 사기꾼이 아니면 상품도 진짜인가 하면 반드시 그렇지 않은 것이 투자의 어려운 점이다.

상품을 조성했을 때의 예측이 허술했거나 외적 요인, 내적 요인, 환경 변화 등에 따라 손실이 나거나 현저히 낮은 수익을 내기도 한다. 이것이 운용 리스크다.

운용 리스크는 '아직 일어나지 않은 미래에 돈을 거는' 이상 피할 수 없다. 그렇기에 투자를 할 때는 듣기 좋은 말에 바로 뛰어들지 말고 미리 잘 조사하고 검토해야 한다.

투자를 할 때 종종 있는 유형이 지인의 소개를 받고 상품을 구입하는 것이다. 물론 자신이 신뢰하는 사람이 소개하는 상품이니 속을 위험이 적을 것 같기도 하다.

그러나 앞서 말했듯이 투자에는 때때로 '속일 생각은 없었지만 결과적으로 속인 게 되는(신용 리스크·운용 리스크 양면에서)' 경우도 있다.

스스로 조사하지 않고 "이 사람이 소개한 상품을 구입하면 틀림없어"라고 맹신한다면 나중에 만일 사기였을 경우, 돈과 인간관계

양쪽 다 잃을 가능성이 있다.

그러므로 투자 여부는 최종적으로 자신이 판단해야 나중에 후회하지 않는다.

이것이 '투자는 개인의 책임'이라고 하는 말의 본래 의미다.

가상화폐에도 당연히 이 두 가지 리스크가 따라붙는다.

혹시 "가상화폐는 관리자가 없으니까 신용 리스크는 걱정할 필요가 없지 않을까?"라고 생각하는 사람도 있을지 모르겠다. 하지만 예를 들어 가상화폐를 사용한 투자 상품에는 그것을 운용하는 사람이 있다. 그밖에도 거래소 리스크나 가짜 코인을 조성해 판매하는 사람 같이 실제로 다양한 리스크가 잠재하고 있다.

이 장에서는 그런 사기 리스크를 중심으로 살펴보겠다.

상위 1%만 알고 있는
가상화폐와 투자의 진실

사기 행각이 급증하는 배경
: 법적 전문가가 없는 업계

비트코인이 1년 전보다 몇 배나 부풀어 올랐다는 것은 많은 사람이 아는 사실이다.

이 소식을 듣고 많은 이가 "아, 1년 전에 비트코인을 샀어야 했는데"라고 후회한다.

가상화폐 사기꾼은 그런 사람들의 심리를 이용한다.

"지금 사두면 나중에 엄청나게 오를 겁니다."

"빠른 사람이 이깁니다."

아주 쉽게 말하자면 이것이 전형적인 사기 문구다.

이 사기 문구도 가상화폐에 국한된 이야기는 아니다. 주식 투자 인사이더나 선물 거래에 얽힌 사기 등이 대표적이다. 가상화폐 사기는 그 '최신 버전'일 뿐이다.

사실 싸게 사서 비싸게 파는 것은 투자의 법칙이기도 하기에 이런 사기 사건은 앞으로도 절대 없어지지 않을 것이다.

사기꾼이 목표물에게 '지금 당장 사두자'는 마음(?)을 자극하려면 한창 인기 있는 투자 상품을 이용해야 한다. 지금 무서운 기세로 성장하는 가상화폐를 미끼로 삼는 것이 최적이다. 사기꾼은 유행에 민감해야 자기 일을 할 수 있다.

그러나 이렇게 가상화폐 사기가 횡행하는 배경은 그뿐만이 아니다.

이미 알고 있듯이 가상화폐 업계의 환경이 '아직 정비되지 않았기' 때문이다.

구체적으로 말하자면 법 규제에 관한 정비다.

앞장에서도 이야기했듯이 가상화폐는 얼마 전까지만 해도,

2017년 4월까지, 명백히 '물건'으로 취급되었다. 지금 국가는 "세금을 부과하고 싶으니까 일단 결제수단으로는 인정했지만 완전히 돈이라고 인정하지는 않는다"는 입장이다.

결제수단으로 인정받기 전에는 가상화폐가 그 존재 자체를 인정받지 못했기 때문에 정부에서도 공식적인 견해를 밝히지 않았다. 한 언론 매체의 기사에 따르면 어떤 장관은 "그런 장난감 같은 것은 금방 없어질 것이다"라고 말했다고 한다. 물건은 법적으로 금융청의 관할이 아니니 말이다.

감독관청이 없다는 것은 사기를 치는 입장에서는 '내 세상'이나 다름없다.

극단적으로 말하자면 "물건을 주고받기만 하는데 지켜야 할 법 규정이 어디 있겠어?"라는 핑계가 지금까지 통용되었던 분야인 것이다.

또한 법률이 확립되지 않았으므로 법 규정에 관한 전문가, 즉 변호사에게 가상화폐에 관한 지식이 없다는 것도 사기꾼에게는 '순풍에 돛단 격'의 상황이다.

변호사, 세무사 같은 '사짜'는 국가의 명확한 법적 지침이 없으면 안건을 판단할 수 없다.

그렇게 되면 어떤 사기가 발생했을 때 변호사나 세무사가 독자적으로 해석해서 판단할 수밖에 없는데 '과거 사례'라는 해석 자료, 즉 판단 자료가 너무 부족하다.

가상화폐가 너무 급격히 성장한 업계였기 때문에 다양한 분야의 전문가가 현 상황을 쫓아가지 못하는 것이다.

무서운 기세로 성장하고 있지만 법률은 애매한 상태.

법률이 애매하기 때문에 법률 전문가도 안건을 판단할 수 없는 상태.

이것이 가상화폐가 사기의 온상이 되고 있는 배경이다.

또한 가상화폐 업계에는 투기를 목적으로 한 많은 '도박사'들이 몰려드는 것도 먹잇감을 찾는 사기꾼에게는 좋은 조건이다.

투기 목적인 사람들이 어디에서 유입되는가 하면 주로 FX마진거래 분야다. 법률 정비가 되어 있는 FX마진거래에서 새로운 '어장'을 찾아 유입된 도박사와 함께 사기꾼도 따라 들어왔다.

현재 가상화폐가 매력적인 '투기 대상'으로 인식되는 것은 부정할 수 없는 현실이다.

그리고 일확천금을 노리는 사람들의 주위에는 반드시 사기꾼이 따라다닌다.

이 흐름은 앞으로도 한동안 지속될 것이다.

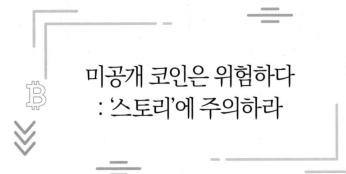

미공개 코인은 위험하다
: '스토리'에 주의하라

"가상화폐 초보자는 〈미공개 코인〉에는 손대지 않는 편이 좋다."
우리는 감히 이렇게 단언한다.

미공개 코인, 즉 상장하지 않은 가상화폐에는 아마추어가 판단하기 어려운 불확실한 요소로 가득하다.

미공개 코인 사기의 아주 간단한 유형은 앞서 말했듯이 "상장되기 전에 사두면 한몫 단단히 챙길 수 있어요"라는 식으로 자금을 모으는 것이다.

2017년 3월에 발표된 국민생활센터에서 한 가상화폐 사기 문제에 대한 경고문구로 "반드시 한몫 챙길 수 있다'는 말을 믿지 마라!'는 내용이 있다.

그런데 실상을 보면 사기꾼은 '반드시(한몫 챙길 수 있다)'라는 말을 그리 쉽게 쓰지 않는다.

반대로 성실함을 가장하며 "'반드시'나 '절대'라는 건 투자에서 있을 수 없습니다. 판단은 본인이 하셔야 합니다"라고 속삭이는 것이 상투적인 수단이다.

그 대신 사기꾼은 교묘한 '스토리'와 '배경'을 말한다.

최근 어느 업자가 모 미공개 코인을 판매할 때 부실 고지, 연쇄판매업의 개요서면 부교부 등이 있었다는 이유로 소비자청에서 특정상거래법 제39조 제1항에 근거한 조치명령을 받았다고 해서 화제가 되었다.

그 내용을 간단히 말하자면, 다단계 마케팅으로 모은 돈을 판매실적에 따라 최고 60%는 토해내고 나머지 20% 상당액으로는 리플을 구입한 모양이다. 사실 60%를 판매업 보수로 할당하는 것은 구매한 순간 그 코인의 가치가 60% 하락한 것이나 다름없다고 해석할 수도 있다.

이 일은 판매방식에 문제가 있다는 이유로 투자자에게 전액을 반환하라는 명령을 받았다. 그런데 역설적이게도 리플이 몇 배로 뛰었기 때문에 그 발행처는 투자 금액을 모든 이에게 전액 반환해도 많은 자산이 남게 되어 그 명령을 받은 발행자는 뛸 듯이 기뻐했다고 한다.

이 경우 거짓이 진실이 된 예이지만, 원래 이 코인의 가격이 20% 상당의 리플에 있었던 것이니 투자자로서는 리플을 직접 시장에서 구입하는 게 나은 셈이 되었다.

코인 투자에 3000만 엔을 쏟아 붓기 직전에 우리가 제지하여 멈출 수 있었던 분의 이야기에 따르면 권유자가 자신이 보유한 모 코인의 가치가 50억 엔이 되었다고 자랑해서 마음이 흔들렸던 것 같다. 그런데 사실 미공개 코인 가격을 정하는 것은 그 사람 자신이다.

그분은 부동산 투자에 관해서는 꾸준한 공부와 실천을 거듭하여 착실하게 자산을 쌓아왔는데도 자신이 알고 있는 범위를 벗어나자 주위가 보이지 않게 되었던 것이다.

판단을 그르쳐서 실패했을 경우, 어떤 사람은 그 뒤에도 같은 투자에 몇 번이나 걸려들고 어떤 사람은 두 번 다시 같은 길을 걷지 않고 착실하게 단계를 밟아 올라간다. 전자는 의존심, 후자는 향학심을 갖고 있다는 점이 그 차이를 만든다.

어느 시장에서든 안건이 존재하는 것을 허용하려면 '이유'가 필요하다. 결국 이 세상에 필요하지 않는 한 살아남을 수 없다.

예를 들어 지금 시민권을 얻은 가상화폐 '삼인방'인 비트코인, 이더리움, 리플도 만약 이용하는 사람이 적어지면 언젠가는 소멸할 가능성도 있다.

"반드시 대박 난다"는 말을 믿지 않는 것은 물론이고 '매력적인 스토리'를 듣더라도 일단 의심해보는 것이 현명하다. 왜냐하면 매력적인 이야기가 아니면 원래 사기에 걸려들 일도 없기 때문이다. 사람은 듣기 좋은 이야기에 쉽게 속아 넘어간다.

부디 '거래가 없는 = 존재 이유가 없는' 것은 가격이 상승하지 않는다는 점을 명심하기 바란다.

미공개라는 것은 상장 뒤에 얼마만큼의 수요가 있는지 모른다는 말이다. 본래 투자는 '가능성에 거는' 것이며 '가능성이 전혀 보이지 않는 것에 돈을 던지는' 것은 도박이다.

　이것이 바로 가상화폐 초보자가 미공개 코인에 손을 대지 않는 편이 좋은 이유다.

거래소 사기 리스크
: 거래소를 맹신하지 마라

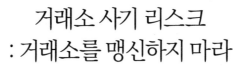

자신의 컴퓨터나 스마트폰에 비트코인 지갑을 만드는 일은 막상 해보면 그렇게 어렵지 않다. 하지만 그래도 수고를 해야 하는 일이다.

지금 단계에서는 가상화폐를 '갖고 다니며' 어딘가에서 이용하는 것은 아직 현실적이지 않다. 그러므로 가상화폐를 거래하는 많은 사람이 가상화폐를 산 뒤 그대로 거래소에 둔다.

그러므로 거래소의 거래 내용과 다양한 특징을 사전에 면밀하게 조사해야 한다. "어느 거래소나 다 똑같겠지"라고 생각한다면 그것은 잘못된 생각이다.

가상화폐를 구입할 수 있는 곳은 크게 '거래소'와 '판매소'로 나뉜다.

거래소의 경우 사용자 간에 각각 희망 가격을 불러서 매매한다. 따라서 "그 가격으로 사고 싶다", "그 가격으로 팔고 싶다"는 사람이 나타나지 않으면 거래가 성립하지 않는다. 거래소는 사용자 간의 중개를 하고 있을 뿐이므로 수수료도 낮은 편이다.

반면 판매소의 경우, 거래 상대가 판매소다. 판매소가 정한 가격으로 매매하기 때문에 거래는 즉시 성립하지만 가격과 수수료가 판매소에 상당히 유리하게 설정된다.

그러므로 우리는 거래소에서 거래할 것을 권한다.

앞으로 가상화폐에 대한 법이 정비되고 거래소에 대한 규제가 엄격해지면 '불투명한' 거래소는 확실히 감소할 것이다.

하지만 그래도 법망을 피해 활개 치는 사기꾼은 없어지지 않을 것이다.

사실 어떤 거래소는 거래량도 볼 수 없다. 그런 곳일수록 "우리는 독점적으로 취급하는 가상화폐가 있다"는 선전 문구를 남발한다.

본래 블록체인 기술이 들어 있지 않은 것은 가상화폐라고 정의할 수 없다. 그것은 이른바 '가짜 가상화폐'다.

앞서 이야기했듯이 가상화폐의 담보는 블록체인 기술이다. 그 원리가 없는 것에 가치가 오를 거라고 하면서 돈을 내게 하는 것은 이미 펀드가 아닌 크라우드 펀딩이다. 크라우드 펀딩을 '가상화폐'로 하는 것일뿐이다.

즉 '금융·증권업 면허를 갖고 있지 않아도 돈을 모을 수 있는 수단'이 된 것이다. 가상화폐가 보급되는 이면에는 이런 일도 있다.

그렇다면 거래소의 '무엇'이 보이면 될까?

그것은 바로 '거래량'이다.

지극히 당연한 말처럼 느껴지겠지만 실은 아주 중요한 관점이다.

바꿔 말하면 거래량이 적은, 또는 거래가 없는 거래소는 위험한 거래소다.

그렇지만 초보자가 어느 정도의 거래량이 있으면 좋을지 판단하기란 꽤 어려운 일이다. 그러므로 일단은 하나의 기준으로써 '자신에 대해' 생각해보자.

즉 자신이 갖고 있는 가상화폐량 이상의 금액 거래가 매일 일어나고 있는가? 라는 관점이다.

예를 들어 내가 100만 엔어치의 가상화폐를 소유했을 경우, 그 100만 엔어치의 거래도 없는 거래소에서는 내가 원할 때 환금할 수 없다.

믿기지 않을지도 모르지만 세상에는 거래소에 상장된 가짜 가상화폐가 꽤 많다. 그러므로 거래소에 상장한 가상화폐는 믿을 수 있다고 단정하면 안 된다. 그럴 때는 거래량이 사기 여부를 판단하는 기준이 된다.

앞으로 경쟁력이 없는 코인은 도태되겠지만 당분간 거래소는 '꽝과 대박'이 혼재하는 곳으로 존재할 것이다. 가공된 화폐를 다루는 가공의 거래소를 피하는 것은 물론이거니와 다양한 거래소의 특징(사용자 친화적인지, 취급하는 가상화폐가 다양한지, 실제 화폐로 신속하게 환금할 수 있는지 등)을 스스로 조사하여 분석하는 것이 중요하다.

상위 1%만 알고 있는
가상화폐와 투자의 진실

당신도 당할 수 있는,
가상화폐 사기에 대비하는 법

- 강연이나 입소문으로 들은 이야기를 그대로 믿지 않는다. 사기꾼이 하는 이야기는 대부분 '진짜 사실'이므로 주의해야 한다.
- 미공개 코인에는 손대지 않는다. 가짜인 경우가 많다. 가격이 올랐다고 해서 신용해서는 안 된다.
- 거래소는 반드시 사전에 조사한다.

사기에 대한 마음가짐으로는 먼저 위의 내용을 들 수 있다.
여기서 다시 한 번 생각해보고 싶은 것이 있다.

그것은 '사기란 무엇인가?'이다.

"새삼스럽게 무슨 말이야? 사람을 속이고 돈을 갈취하는 거잖아?"

그렇게 생각할 수도 있다.

물론 그 말이 맞지만 몇 번이고 반복했듯이 사기꾼의 말에는 상당 부분 '진짜 사실'이 포함되어 있다.

예를 들어 미공개 코인 수법도 '공개한다고 말해놓고는 공개하지 않는다', '원래 그런 코인은 존재하지 않는다'는 유형만이 아니다. 앞에서도 말했듯이 '실제로 공개한' 것도 실은 많이 있다.

하지만 공개해도 그 코인에는 가격이 붙지 않는다. 그래서 "이건 사기야!"라고 외치고 싶지만 공개한 것은 틀림이 없다. "가격이 붙지 않는 건 시장 탓이잖아", "투자란 원래 그런 거야"라고 얘기하면 할 말이 없다.

지금까지 가상화폐는 어떤 것인지를 중점적으로 이야기하고 투자를 할 때의 마음가짐이나 사전 준비, 가상화폐를 비롯한 투자할 때의 중요 사항 등에 대해 알아보았다.

지금 가상화폐는 우리 생활을 통째로 바꾸려 한다. 이 책을 통해 어떤 엄청난 변화가 우리를 기다리고 있는지 느낄 수 있었으리라.

이제부터 다가오는 것이 경제적 자유를 확보한 사람들이 기성관념에 사로잡히지 않고 자유자재로 가상화폐를 다루며 활발하게 거래하는 활기찬 미래일까?

아니면 다시 국가에 의해 가상화폐의 이권이 장악되고 철저하게 관리당하는 미래일까?

안타깝게도 그런 큰 흐름 앞에서 개개인의 힘 따위는 미미하기 짝이 없다. 하지만 지금 우리가 할 수 있는 일이 있다.

그것은 진실을 알려고 노력하는 것이다. '그 진실을 잡을지 놓을지'는 다음 일이다. 일단은 알려고 하는 것이 중요하다.

우리가 현재 살고 있는 자유주의 세상은 '자유롭게 행동하면서 돈을 많이 벌어도 되는' 대신 '만일 재산이 없어져도 그것은 당신 책임'이라고 하는 사회다.

그러므로 국가가 당신 대신 가상화폐를 관리해줄 일은 절대로 없으며 또 그렇게 해서도 안 된다.

당신의 돈은 당신 자신이 지켜야 한다.

진정한 가치는 코인이 아니라
'아이디어'에 있다

서문에서 마타노 씨가 소개했듯이 나는 원래 이미지 데이터 처리
와 데이터 압축 프로그램 등을 개발하는 기술자였다. 그런 내가 원
조 가상화폐인 비트코인을 만난 것은 지금으로부터 9년쯤 전의 일
이다.

어느 날 프랑스인 지인이 나에게 "쓰보이 씨, 이걸 보낼 수 있네
요"라며 숫자가 나열된 것을 보여준 것이 시초였다.

집에 돌아와서 비트코인에 관해 조사한 나는 확신이 들었다. 실
은 이미지 데이터 압축 기술과 암호화 기술 사이에는 '본래의 모습에

서 형태를 바꾸어 데이터를 송신한다'는 공통점이 있기 때문이었다.

당시 이미 이미지 처리 데이터를 다루는 회사를 경영하던 나는 다각도에서 검토한 결과 그때는 비트코인에 손을 대지 않기로 했다. 그 뒤 리플이 탄생했다는 정보를 들었다. 이번에는 곧장 창업자에게 연락을 취했다. 그 이후 가상통화 업계로 진입하여 지금에 이르렀다.

그 리플이 은행의 구조로 거의 채택되는 방향으로 진행되고 있다는 것은 이미 본문에서 언급했다. 한편 내 회사는 현재 리플뿐 아니라 여러 화폐를 취급하는 가상화폐 거래소를 정식으로 개설하기 위한 준비를 순차적으로 진행하고 있다. 거래소는 등록제이므로 금융청의 등록 허가를 기다리는 상태다.

이 책에서는 가상화폐에 관한 기초 지식에서 최신 정보에 이르기까지 다양한 내용을 소개했다. 또한 실제로 가상화폐에 투자할 때의 절차와 주의점, 고려해야 할 이점과 단점, 투자에 대한 마음가짐을 이야기했다. 가상화폐 입문 및 실전서로서 유사한 서적에는 쓰이지 않은 내용을 독자 여러분에게 전달할 수 있었다고 생각한다.

특히 극심한 변화를 거듭하는 가상화폐 업계의 최신 정보를 기재하는 것은 이 책의 수명을 오히려 단축시킬 가능성이 있다는 것도 잘 알고 있다.

그래도 독자 여러분에게 꼭 현재의 거대한 소리와 함께 하루가 다르게 변화하는 업계의 역동적인 모습을 일부라도 전해주고 싶었다.

2017년 9월, 중국 당국에서 갑자기 ICOInitial Coin Offering(신규 가상화폐 공

개)를 전면 금지한다는 발표를 했다. 독자 여러분 중에는 "이 뉴스를 듣고 처음으로 ICO라는 이름을 알았다"는 사람도 꽤 있지 않을까?

ICO는 주식 시장의 IPO(신규공개주)과 같은 것이라고 설명할 수 있다. ICO 자체가 IPO를 따라한 것이나 마찬가지다.

ICO라는 이름은 최근에서야 붙여진 것이며 가상화폐 발행으로 자금을 모으는 행위 자체는 예전부터 이루어졌다. 리플과 이더리움도 생겼을 당시에 ICO에 상당하는 일을 통해 자금을 모았다.

가상화폐 업계의 활발한 정황을 보고 누군가가 "가상화폐 사업 대신 자사 사업을 뒷받침하면서 자금을 조달할 수는 없을까? 주식 대신 가상화폐를 발행하면 어떨까?"라고 생각했고 그것이 이윽고 ICO로 발전했다.

ICO의 진정한 목적은 '아이디어를 실현하기 위한 자금을 더욱 직접적으로 연결하는' 것이다. 가상화폐는 이른바 증서 대신이며 주식과 같다. 다만 주식처럼 상장하기 위한 걸림돌이 없는 만큼 더 쉽게 자금을 조달할 수 있다.

기업가의 소망이 형태를 갖추어 사회에 유익한 서비스를 제공한다면 '발행된 그 코인은 진짜'라고 증명된다.

결국 가치는 코인에 따라붙는 것이 아니다. 아이디어야말로 가치의 원천이다.

지금 ICO의 열광적이고 혼란스러운 정황에 각국은 규제를 가하기 시작했다. 하지만 우리는 그러한 구조에 의존하지 않고 스스로 판단할 수 있어야 한다. 만약 진짜인지 가짜인지 스스로 판단할 수 있게 된다면 더 이상 상대가 사기꾼인지 아닌지 가리느라 두려워하지 않아도 된다.

이 책에 쓰인 머니 리터러시를 습득하고 그것을 실천한다면 '무지'라는 공포에서 해방되어 더욱 자유롭고 대담하게 행동할 수 있지 않을까?

이 책에 쓰인 대로 가상화폐 분야는 지금까지 존재하지 않았던 완전히 새로운 업계다. 그러므로 아직 유동적이고 옥석이 혼재하는 상태다. 이런 상황이므로 안타깝게도 업계에 거짓말이나 과장, 사기꾼이 판을 친다. 하지만 이 혼란 속에서 미래를 향한 새로운 가능성이 싹을 틔운 것 또한 '진실'이다.

이 책을 통해 당신이 가상화폐를 친밀한 존재로 느낄 수 있다면 그 업계에 종사하는 사람으로서 정말 기쁘겠다.

쓰보이 겐

옮긴이 | 오시연

동국대학교 회계학과를 졸업했으며 일본 외어전문학교 일한통역과를 수료했다. 번역 에이전시 엔터스코리아에서 출판기획 및 일본어 전문 번역가로 활동하고 있다.

주요 역서로는 《세상에서 제일 쉬운 회계수업》, 《퇴근시간이 빨라지는 비즈니스 통계입문》, 《드러커 사고법》, 《겁쟁이를 위한 주식투자》, 《원소주기(공역)》, 《월급쟁이 자본론》, 《처음 만나는 회계 1교시》, 《회계의 신》, 《돈이 당신에게 말하는 것들》, 《현금경영으로 일어서라》, 《만화로 쉽게 이해하는 통계학(출간예정)》 등이 있다.

상위 1%만 알고 있는
가상화폐와 투자의 진실

1판 1쇄 인쇄 | 2018년 10월 5일
1판 1쇄 발행 | 2018년 10월 10일

지은이 마타노 나루토시, 쓰보이 겐
옮긴이 오시연
펴낸이 김기옥

경제경영팀장 모민원 기획 편집 변호이, 김광현
커뮤니케이션 플래너 박진모
경영지원 고광현, 임민진
제작 김형식

디자인 제이알컴
인쇄 · 제본 민언프린텍

펴낸곳 한스미디어(한즈미디어(주))
주소 121-839 서울특별시 마포구 양화로 11길 13(서교동, 강원빌딩 5층)
전화 02-707-0337 | 팩스 02-707-0198 | 홈페이지 www.hansmedia.com
출판신고번호 제 313-2003-227호 | 신고일자 2003년 6월 25일

ISBN 979-11-6007-315-7   13320